中国经济和谐发展论丛

城镇化进程中代际分化的农民工集体行动研究

董延芳 著

本书为国家社会科学基金项目研究成果（批准号：14CJL043）；本书为武汉大学自主科研项目（人文社会科学）研究成果，得到"中央高校基本科研业务费专项资金"资助；本书的写作和出版得到武汉大学经济发展研究中心和武汉大学人口·资源·环境经济研究中心的支持。

科学出版社

北　京

内 容 简 介

本书关注城镇化进程中代际分化的农民工集体行动。首先，分析农民工遭遇权益侵害时可能采取的各种行动决策，并揭示诸行动决策的相机抉择本质，以此从动态视角考察农民工集体行动的产生；其次，提出社会变迁与个体改变紧密关联，进而考察同期群效应下农民工集体行动的演变，接着将农民工视为有限理性经济人，将其行动决策与城镇化进程乃至社会变迁相联系，从而讨论农民工集体行动的终结；最后，在以上基础上提出基于城镇化进程推进的农民工集体行动治理。

本书可供关注中国"三农"问题、人口迁移流动与城镇化及劳动力转移就业的相关政府部门、学术界人士和研究生阅读与参考。

图书在版编目(CIP)数据

城镇化进程中代际分化的农民工集体行动研究/董延芳著. —北京：科学出版社，2019.10

（中国经济和谐发展论丛）

ISBN 978-7-03-062602-8

Ⅰ.①城… Ⅱ.①董… Ⅲ.①民工－社会行为－研究－中国 Ⅳ.①D669.2

中国版本图书馆 CIP 数据核字（2019）第 225295 号

责任编辑：郝　悦/责任校对：杨赛
责任印制：张　伟/封面设计：无极书装

科 学 出 版 社 出版
北京东黄城根北街 16 号
邮政编码：100717
http://www.sciencep.com

北京虎彩文化传播有限公司 印刷
科学出版社发行　各地新华书店经销
*

2019 年 10 月第 一 版　开本：720×1000　1/16
2020 年 7 月第二次印刷　印张：8 1/4
字数：160 000
定价：88.00 元
（如有印装质量问题，我社负责调换）

作 者 简 介

董延芳 经济学博士,武汉大学经济发展研究中心、武汉大学人口·资源·环境经济研究中心副教授、硕士生导师,英国布里斯托大学访问学者,主要从事人口迁移流动、中国经济改革与发展领域的学术研究。先后主持了两项国家社会科学基金项目和包括世界银行委托项目与国际合作项目在内的七项科研课题,并作为重要成员参与了包括多个国家社会科学基金项目和国家自然科学基金项目在内的科研课题。在《中国人口科学》《中国人口·资源与环境》《人口研究》等重要期刊上发表了数十篇学术论文,其中多篇学术论文被《中国社会科学文摘》、中国人民大学复印报刊资料、人民日报社的《情况汇编》转载。撰写了学术专著《移民异质性与经济发展》《中国第二代农民工研究》《农民工的代际分化、行为选择与市民化》等。科研成果获得 2011 年第二届中国出版政府奖图书奖提名奖、2010 年第二十四届华东地区优秀哲学社会科学图书奖一等奖、2015 年第五届钱学森城市学金奖征集评选活动金奖等多个奖项。

中国经济和谐发展论丛编委会

主编： 刘传江　杨艳琳　刘洪辞

编委：（按姓氏笔画排序）

　　　叶　林　成德宁　刘传江　刘洪辞　杨　玲

　　　杨　冕　杨艳琳　余　江　姚博明　董延芳

总　序

　　改革开放以来，中国经济经历了长达 35 年的高增长，取得了举世瞩目的成绩，无论是经济增长速度、经济总规模，还是人均 GDP、人均可支配收入、居民生活水平和生活质量，都有较大甚至多倍的增长或者提高。这得益于经济体制改革所形成的"改革红利"，得益于由改革开放所引致的"制度红利"、"人口红利"、"资源红利"、"贸易红利"。这些"红利"均来源于经济增长。但是，粗放型增长给中国经济埋下了大量隐患，随着中国经济的进一步增长，经济增长的可持续性在逐步下降，不仅是技术性增长下降，而且是制度性增长下降，这使经济增长的"红利"也随之下降，部分领域出现增长的"副利"或者"负利"。

　　工业化、市场化、城镇化、信息化、国际化的快速发展，使中国传统的经济增长方式难以为继，经济增长过程中的不和谐问题日益突出甚至日趋严重。这迫切需要中国采取新的经济发展方式，走新型工业化道路、新型城镇化道路，建设全面小康社会、和谐社会。早在 1995 年 9 月，中共十四届五中全会上明确提出了未来 15 年中国改革与发展的奋斗目标是实现具有全局意义的"两个根本性转变"：一是经济体制从传统的计划经济体制向社会主义市场经济体制转变；二是经济增长方式从粗放型向集约型转变。所谓经济增长方式转变，按照官方文件的解释就是指生产要素的分配、投入、组合以及使用方式的改变，一般是指由外延型、数量型、粗放型增长方式向内涵型、质量型、集约型增长方式转变。2007年 11 月，中共十七大报告将"实现经济增长方式转变"的提法改为"加快经济发展方式转变"，并明确提出加快经济发展方式"三个转变"的主要内容：在需求结构上，促进经济增长由主要依靠投资、出口拉动向依靠消费、投资、出口协调拉动转变；在产业结构上，促进经济增长由主要依靠第二产业带动向依靠第一、第二、第三产业协同带动转变；在要素投入上，促进经济增长由主要依靠增加物质资源消耗向主要依靠科技进步、劳动者素质提高、管理创新转变。由此可见，经济发展方式转变，不仅包含经济增长方式的转变，即从主要依靠增加资源投入和消耗来实现经济增长的粗放型增长方式,转变为主要依靠提高资源利用效率来实现经济增长的集约型增长方式,而且包括结构、质量、效益等方面的转变。官方提法由转变经济增长方式到转变经济发展方式,反映了中国执政党和政府对经济发展规律认识的深化。

不过,上述认知依然"只是在同一窗口换一角度看风景,视野必然受到窗口位置及大小的限制"。换言之,基于工业文明的经济发展方式转变不可能从根本上和深层次解决经济发展的资源、环境代价和可持续发展问题。2010年是1995年提出15年实现"两个根本性转变"的"收官之年",但中国经济发展的"高能耗、高污染、高排放"特征并未发生革命性的转变。原因固然很多,仅从认知和政策层面看,中共十七大报告提出了建设生态文明的新理念,但"发展视角"没有同步从工业文明的"老窗口"转换到生态文明的"新窗口",即没有明确主张实现从工业文明发展范式到生态文明发展范式的转型。而实践也已证明,工业文明框架下的经济发展方式转变,并不能使中国"高能耗、高污染、高排放"的经济发展模式实现革命性的转变并实现和谐发展的愿景。只有实现从工业文明发展范式到生态文明发展范式的转型,才能从根本上和深层次解决经济发展的资源、环境代价问题。选择适合国情的低碳经济发展道路是基于生态文明发展方式范式的要求,也是建设资源节约型、环境友好型、低碳导向型的可持续发展的和谐社会的正确选择。

"范式"(paradigm)这一概念最早是由美国科学家托马斯·库恩(Thomas Kuhn)于1962年在其出版的经典著作《科学革命的结构》中提出并做出系统阐述的,最初是指一种观念、理论和规律,通常是某一科学集团对某一学科所具有的共同信念和遵从的行为模式,它规定了人们共同的基本理论、基本观点和基本方法。近年来,一些国内学者将"理论范式"延伸,用于刻画基于某种理念和规律并具有某些特征的经济发展实践,提出了经济发展的"实践范式"及其相关的系列概念,如环保与经济发展的双赢范式、经济现代化范式、经济与社会发展范式、经济发展新范式、区域经济发展范式、循环经济范式、技术经济范式、产业范式、农业发展范式、消费范式等。国外也是如此,早在1982年,G.多西将这个概念引入技术创新研究中,提出了技术范式的概念。佩雷兹(C. Perez)在1983年发表于《未来》的论文《社会经济系统中的结构变迁与新技术吸收》中又提出了技术经济范式这一概念,从而将技术范式与经济增长直接联系了起来。1988年,著名技术创新经济学家弗里曼与佩雷兹又在合作发表的《结构调整危机:经济周期与投资行为》一文中进一步丰富和发展了技术经济范式这一概念。2010年,日本京都大学著名经济学家植田和弘(Kazuhiro Ueta)在西北大学举行的第二届中日经济·环境论坛演讲中也明确提出了发展范式(development paradigm)转换的概念。不仅如此,学术界还探讨了经济发展范式这一概念的具体内容，乔臣认为经济发展范式至少包括以下四个方面的内容：①经济发展范式的研究视角（perspective）或出发点（springboard），包括经济发展进程中研发人员的研究对象以及理论基础；②经济发展范式研究的参照系（reference）或基准点（benchmark），包括对经济发展理论以及经济发展范式的各种范例分析和系统表述；③经济发展范式的分析工具（analytical tools）或研究方法（analytical means）；④经济发展研究人员所持有的共同的理论信念（theoretical faith）。当经济发展实践大大突破了已有理论框架和理论模型时，就需要对以往经济发展的诸多范例进行理论分析和探讨，从中提取经济发展中的一般规律性内涵和实质并加以吸收和应用，结合实践要求提出新的经济发展范式。经济发展范式转换和选择不仅是经济现代化发展的客观要求，同时也是助推经济现代化进程的必要保障。

根据中国现代化研究中心何传启研究员的两次现代化理论或文明发展理论，第一次现代化的目标是实现工业现代化，其发展范式即为工业文明发展范式，在该范式下经济发展的主要变化是从农业社会走向工业社会、从农业经济走向工业经济，主要特点是实现工业化、城市化、民主化、福利化、流动化、专业化，其产业特征是工业比重不断提升、产业结构高度化，制造产业发达，经济发展的核心指标是 GNP 和人均 GDP，该发展范式的最大副效应是经济发展的同时，付出了资源大量消耗、环境破坏和生态退化的代价。第二次现代化的目标是实现生态现代化（ecological modernization），其匹配的发展范式是生态文明发展范式，在该范式下经济发展的主要变化是从工业社会走向信息社会、从物质经济走向生态经济，主要特点是实现知识化、信息化、绿色化、生态化、全球化、多样化，其产业特征是产业生态化、物质减量化、能源去碳化、经济服务化，还原产业发达，经济发展的核心指标是生态效率（EEI=GDP/EFP）和绿色 GDP。

现代文明与和谐发展目标不再是工业现代化，而是德国社会学家约瑟夫·胡伯（Joseph Huber）在 20 世纪 80 年代提出的能够实现经济发展和环境保护双赢的生态现代化。因此，传统经济的现代化进程仅仅实现工业文明"窗口"中的经济发展方式转变是不够的，还需要从工业文明"窗口"走向生态文明"窗口"，实现工业文明经济发展范式向生态文明经济发展范式的转型。中国近 20 年及未来经济发展转型的过程可以概括为以下三个阶段：①工业文明"窗口"中的早期转变阶段，即从外延型、数量型、粗放型增长方式向内涵型、质量型、集约型增长方式转变；②工业文明"窗口"中的后期转变阶段，即从注重生产要素的分配、投入、组合以及使用方式向经济要素配置组合和结构优化并重的经济发展方式转变；③从工业文明"窗口"走向生态文明"窗口"的转变阶段，即从工业文明经济发展范式向生态文明经济发展范式转型。这三个阶段的变化可以从以下六个维度及其过程来描述：①经济体制：计划经济→传统市场经济→现代市场经济；②发展导向：追求产值→追求利润→追求可持续发展；③文明类型：农业文明→工业文明→生态文明；④支柱产业：黄色产业→黑色产业→绿色产业；⑤发展特征：粗放型经济→集约型经济→低碳型经济；⑥测度模型：O（output）模型经济→IO（input-output）模型经济→IOOE（input-occupation-output-emission）模型经济。

我们认为，传统计划经济体制下的粗放型经济因其只计产出不计投入肯定是不可持续发展的经济增长方式，传统市场经济体制下的集约型经济只关心企业利润而不考虑企业生产活动产生的负外部效应，因而其也是不可持续发展的经济增长方式，只有同时考虑经济效益、社会效益和生态效益的低碳经济才是支撑现代市场经济发展的可持续型经济。那么，为何以"3R"和非线性生产为特征的循环经济不是生态文明发展范式下的基本经济形态呢？应当说，以"减量化（reduce）、再利用（reuse）、再循环（recycle）"为特征的循环经济，相对于"资源—产品—污染排放"为特征的单向线性经济是更接近于产业生态化要求的产业形态和发展方向，是新型工业化和"资源节约型、环境友好型"两型社会建设的突破口和手段之一，但它支撑不起一个国家或地球整个面上的生态化产业体系和生态文明。其主要原因在于：①循环经济包括"点"（企业）、"线"（产业）、"面"（园区）三个层次，层次越高，经济效益和生态效益越好，但循环难度也越大。②循环经济要同时满足技术可行性、经济合理性、政策合法性三个条件，而在绝大多数地区特别是在社会经济和科技发展不够发达的地区通常不能够同时满足经济学意义上发展循环经济的上述三个条件，或者说循环经济不是一个普适性的经济概念。③循环经济的"3R"原则相对于低碳经济的"三低一高"（低能耗、低排放、低污染、高效率）特征，前者只是表征经济的形式和手段而不必然具有资源节约和环境友好的结果，事实上，循环经济发展中通常面临规模不经济、循环不经济、循环不环保、循环不节约"四大问题"的阻碍；后者则是源头控制、过程控制、目标控制相结合的经济发展范式，这种"立体式"的技术经济范式体系是对循环经济的改进、深化和创新。发展低碳经济是基于人类社会对农业文明、工业文明时期经济发展模式的反思和创新，它是追求以低能耗、低排放、低污染为基础的提高能源利用效率、创建清洁能源结构的一种创新性和高层次的经济发展模式。发展低碳经济不仅是为了应对气候变化，也是经济发展范式的创新，是世界经济发展低碳化趋势的客观要求和世界新一轮经济增长的核心驱动力。低碳经济包括低碳生产、低碳流通、低碳消费三个方面，它是比绿色经济、循环经济要求更高的生态化经济发展方式，是解决经济发展与能源危机之间矛盾，平衡能源、经济社会发展和生态环境之间关系的根本途径。换言之，低碳经济是支撑和实现生态文明的经济形态，是中国"两型社会"的核心追求及和谐发展的具体表达。

经济和谐不仅包括国内外经济和谐、国内各个区域经济和谐、不同产业和谐、不同企业和谐，而且还包括资源（能源）环境与经济和谐、不同利益群体关系和谐等。在市场经济条件下，完全竞争下的市场均衡并不等同于经济和谐，而垄断竞争和寡头竞争更不能促进甚至损害经济和谐。因此，经济和谐既是市场和谐，也是技术和谐，更是制度和谐，是同时协调市场、技术、制度的综合和谐；它不仅要求生产关系与生产力和谐，更要求上层建筑与经济基础和谐；其不仅是在某一时点所实现的静态和谐，更是在变化过程中能趋于实现的动态和谐。可以说，经济和谐是政治和谐、社会和谐、生态和谐的基础。

我们认为，促进经济协调发展、科学发展、和谐发展是确保中国经济能够维持、延伸甚至扩大"改革红利"的现实选择。如果说在过去的改革开放中应遵循"发展是硬道理"，那么在现在和未来的深化改革开放中则应遵循"协调发展、科学发展、和谐发展是最硬道理"。不断促进和逐步实现中国经济和谐发展，需要深入研究和有效解决制约经济和谐、社会和谐、生态环境和谐发展的一系列重大问题，特别是其中的"短板问题"、"瓶颈问题"。只有基于生态文明的理念和发展范式不断深化改革和扩大开放，实现"协调式"和"包容式"的和谐发展，才能维持和延伸甚至扩大"改革红利"，改善全民的"帕里托效应"，增加全民的福利，才能让全民进一步分享"改革红利"。只有促进与实现经济和谐发展，才能将"改革红利"转变为持久的"和谐红利"，让全民充分分享"和谐红利"。

武汉大学经济研究所拥有人口、资源与环境经济学以及产业经济学和劳动经济学三个博士学位授权专业，人才培养和学术研究的聚焦点是：主要以20世纪80年代以来中国的经济改革和经济发展转型为背景，综合运用现代经济学的研究方法和手段，从以下三个方面来系统研究当代中国经济的和谐发展：①人口、资源与环境的协调发展；②城乡结构转型过程中的和谐发展问题；③产业结构特征升级过程中的和谐发展问题。进入21世纪以来，武汉大学经济研究所研究人员围绕上述三大研究领域先后申请获批立项国家社会科学基金项目、国家自然科学基金项目和教育部人文社会科学基金项目（含重大项目、重点项目、一般项目和青年项目）30余项，同时还承担了其他部省级项目、国家合作项目、地方政府及企业委托和招标项目60项。列入中国经济和谐发展论丛的各部著作，都是武汉大学经济研究所学术团队在长期研究基础上形成的，它们是各自课题组在国家社会科学基金项目、国家自然科学基金项目、教育部人文社会科学重点基地重大项目、教育部人文社会科学基金项目、江苏天联集团重大科研课题等资助下，经过数年系统、深入地研究上述重大问题及其解决途径和战略对策的成果。例如，刘传江、董延芳的著作《农民工的代际分化、行为选择与市民化》是作者所做的武汉大学经济发展研究中心、武汉大学经济研究所课题组主持承担国家自然科学基金和国家社会科学基金资助项目的最终成果，刘洪辞的著作《蚁族群体住房供给模式研究》是江苏天联集团重大科研课题资助研究"蚁族"群体的第一部学术专著，余江的著作《对外贸易与中国能源消耗研究》是国家社会科学基金资助项目的最终成果，杨艳琳的著作《中国中部地区资源、环境与经济协调发展研究》是教育部人文社会科学重点基地武汉大学经济发展研究中心承担的重大项目的研究成果，杨冕的著作《节能减排政策研究》和杨玲的著作《中国政府卫生支出健康绩效实证研究》也是各自承担的教育部人文社会科学基金规划项目的研究成果。受时间和水平的限制，中国经济和谐发展论丛还存在诸多不足和需要进一步探讨的问题，我们衷心希望这套丛书的出版能够对21世纪新阶段中国经济的和谐发展在理论和实践参考层面有所裨益，同时也希望引发学术界对上述问题展开更多、更深入的研究。

刘传江　杨艳琳　刘洪辞
2013年初夏于武昌珞珈山

目 录

第1章 绪论 ··· 1
  1.1 现实背景与理论研究 ··· 1
  1.2 本书的写作价值和主要内容 ··· 4
  1.3 本书的研究方法和概念界定 ··· 6

第2章 动态视角的农民工集体行动产生 ·· 11
  2.1 集体行动的社会认同模型 ·· 11
  2.2 选择的次序：不行动、个人行动、集体行动和退出行动 ··················· 12
  2.3 基于集体行动的社会认同模型和行动选择的一个计量实证 ················· 16
  2.4 扩展讨论：相机抉择和动态视角的农民工集体行动 ······················· 21
  2.5 本章小结 ·· 30

第3章 同期群效应下的农民工集体行动演变 ···································· 33
  3.1 集体行动模型的演进：动态模型和个人-集体综合模型 ····················· 33
  3.2 异质的个人特征和行为决策：第二代农民工及其集体行动的不同 ·········· 38
  3.3 变迁的社会与改变的个体 ··· 48
  3.4 扩展讨论：同期群效应下的农民工集体行动 ····························· 58
  3.5 本章小结 ·· 62

第4章 策略与农民工集体行动的终结 ·· 64
  4.1 不参与：参与的另一面 ··· 64
  4.2 失败的集体行动和农民工的再次迁移流动 ······························· 78
  4.3 扩展讨论：城镇化进程中的有限理性经济人 ····························· 84
  4.4 本章小结 ·· 88

第5章 基于城镇化进程推进的农民工集体行动治理 ····························· 89
  5.1 基于城镇化进程推进的农民工集体行动治理的必要性 ····················· 89
  5.2 基于城镇化进程推进的农民工集体行动治理的障碍 ······················· 91
  5.3 基于城镇化进程推进的农民工集体行动治理的目标和原则 ················· 95
  5.4 基于城镇化进程推进的农民工集体行动治理的政策措施 ··················· 95

参考文献 ·· 104
后记 ·· 115

第1章 绪　　论

1.1　现实背景与理论研究

1.1.1　农民工集体行动的现实背景

自 20 世纪 70 年代末以来，伴随改革开放与工业化进程的迅速推进，中国的城镇化水平不断提高。在此过程中，大量农村剩余劳动力向第二产业、第三产业和城镇转移，逐步实现了从农业就业到非农就业的工作转变，以及从农民到农民工和城镇市民的身份转化。迄今，在国家发展取得巨大进步的同时，城镇化已成为中国经济结构战略性调整的关键环节之一，以及中国全面建成小康社会的重要基础。中共十八大报告提出，"促进工业化、信息化、城镇化、农业现代化同步发展"，"推进城镇化为重点"[①]。至 2016 年 "十三五" 规划开局之年，城镇化继续作为中国的发展之重。随着《国家新型城镇化规划（2014—2020 年）》等政策的发布实施，中国的城镇化已初步实现从追求速度到注重质量的转变，逐步体现以人为本的精神。

然而，中国幅员辽阔，区域经济发展不平衡，许多地方的城镇化进程实践仍然较为落后，这制约了农村剩余劳动力的彻底转移，同时也阻碍了城镇化本身的实现。时至今日，中国仍有数以亿计的农村剩余劳动力徘徊在城乡边缘，无法完全融入城镇。由于未能彻底市民化，他们在生活和工作中的权益可能会遭受侵害。出于维权诉求，他们会选择各种形式的抗争。在这些抗争之中，被称为 "农民工群体性事件" 的集体行动尤其引人注目。

1.1.2　农民工集体行动的理论研究

对于人们的集体行动，除了经济学领域，包括社会学、政治学、心理学等在内的多学科领域也对其给予了长期关注。许多学者认为，人们采取集体行动是出于由相对剥夺、挫折、感受不公而产生的不满（Berkowitz，1972）。也有学者提

---

① 引自 2012 年第 22 期《求是》中的文章：《坚定不移沿着中国特色社会主义道路前进为全面建成小康社会而奋斗——在中国共产党第十八次全国代表大会上的报告》。

出,效能、资源和机会都同人们的集体行动有关(Klandermans,1984)。集体认同对人们集体行动的作用也逐渐受到重视(Melucci,1985;Taylor and Whittier,1992;Reicher,1984;Simon et al.,1998;de Weerd and Klandermans,1999),情绪的影响继而获得注意(Goodwin et al.,2000;van Stekelenburg,2006;van Zomeren,2004)。迄今,该领域陆续出现了整合上述因素的框架(van Stekelenburg and Klandermans,2007;van Zomeren et al.,2008),一些重要的新观点和变量也在不断出现(Wright,2009),它们试图对人们的集体行动给予更加科学的解释和探讨。

与此同时,在该问题的具体研究上已形成一些主要议题,包括:作为集体行动最重要预测因素的集体认同(Kawakami and Dion,1993;Smith and Tyler,1996;Reicher et al.,2006;Bliuc et al.,2007;Simon et al.,2008;Becker and Wagner,2009;Verkuyten and Yildiz,2010;Greenaway et al.,2011);包含渗透性、合法性和稳定性在内的社会结构变量对人们集体行动的影响(Boen and Vanbeselaere,1998;Wright and Taylor,1998;Mummendey et al.,1999;Stott and Drury,2004;Jetten et al.,2011);包括情绪、效能信念、威胁感知在内的社会结构变量对人们集体行动的心理影响(Bynner and Ashford,1994;Matheson and Anisman,2009;Wohl et al.,2011;Durrheim et al.,2011;Costello and Hodson,2011);集体行动的动态视角(Reicher,1996;Stott and Reicher,1998;Drury and Reicher,2005)。

除此以外,学者还敏锐捕捉到未来研究集体行动在动态过程中的挑战,提出了关于长期抗议如何出现并持续、人们如何受到行动成败的影响、社会变革在长期内如何实现等重要问题(Becker,2012),极具启发性。不过,由于中国当代的社会冲突具有特殊性,这些理论中的绝大多数不能直接应用。当前,国内学界致力于相关研究本土化的成果逐渐涌现,主要议题包括集体行动发生的原因(赵树凯,1999;于建嵘,2000,2003)、政治机会结构(刘能,2004;陈映芳,2006)、动员结构(张磊,2005;石发勇,2008)、策略和手段(郭于华,2002;翁定军,2005;应星,2007)等方面,以及对该领域一些基本理论问题的再探讨(朱力和卢亚楠,2009;张书维等,2010;刘德海和王维国,2011;刘尚亮等,2012),其中也包含了如何应对集体行动。

本书关注农民工的集体行动。首先,农民工的集体行动不等同于农民工集体维权;其次,自20世纪70年代末改革开放大幕拉开后,农民工和农民工问题才在中国出现,农民工的集体行动从某种程度上可被视为农民的集体行动在时间上的延伸和在空间上的转移,但这种继承性并不意味着在中国作为一门显学的农民集体行动研究适合对农民工集体行动的分析(黄振辉和王金红,2010);最后,针对中国其他群体集体行动的研究也存在类似问题。这三方面意味着,上述国内外学界的成果对本书而言虽有重要参考价值,但仍需适当改造和深入。

在中国当前的农民工集体行动研究中：①通过案例分析，任焰和潘毅（2006）提出，宿舍劳动体制中居住与劳动的高度聚集使得工人有可能发展出集体性的资源，有助于动员工人向工厂管理者发动集体性挑战；周林刚和冯建华（2009）研究了农民工集体行动的行动合法化策略、行动扩大策略和行动延伸策略。②通过统计和计量分析，蔡禾等（2009）综合心理学理论、资源动员理论、政治机会结构理论探讨了哪些因素影响农民工在利益抗争方式上的选择；李超海（2009）分析了宏观的制度环境变量、微观的网络变量，以及农民工自身的特征变量、认知变量对其是否参加集体行动和参加次数的影响；王晴锋（2010）关注剥夺、资源动员和政治机会机制对农民工集体行动的作用。③理论研究的成果还包括谢岳（2010）对农民工集体行动失败的政治因素及其后果的探讨；孔凡义（2011）对农民工如何通过关系网络推动个体行为转变成群体行为又如何导致其规模扩大化的探讨；等等。④另有一些成果在该问题上注意到农民工中的新生一代（黄裕安，2011；李艳，2011；周斌，2011；何晓红，2011），如徐晓军和张必春（2009）讨论了返乡青年农民的灰恶化与集体行动风险；雷晓天（2011）提出新生代农民工在社会结构的外部压力及个体意识变迁的共同作用下形成其共同的群体意识，在行动动员的催化下产生集体行动。

这些研究的出现，虽然一定程度上解决了中国对于农民工集体行动研究方面的理论缺乏问题（李煜玘和郭春华，2010），但是也存在不足，主要表现在：首先，学者们基于西方主流理论进行了诸多本土化尝试，形成了不少有意义的结论和建议，但部分研究囿于西方逻辑，只是将相关理论简单移植；其次，实证研究方面，建立在对参与集体行动农民工走访调研基础上的个案研究、利用相关部门统计数据或自行组织抽样调查获得数据的定量分析已经出现，但许多研究对结论的解释和分析浅尝辄止；最后，有关农民工群体性事件的治理，学界和政府在理论与经验方面给予了高度关注，但工作重点依然大多停留在一事一议的具体对策层面。

除上述问题外，中国当前第二代农民工在集体行动的参与方面也和第一代农民工有许多不同，突出表现为"积极的集体抗争更多地成为第二代农民工的选择"（刘建洲，2011）。实际上，近年已有研究发现，第二代农民工可能更愿意参与群体性事件（刘传江等，2012）。但与此同时，他们也可能更容易"用脚投票"，放弃这种抗争（董延芳等，2011），或许正是他们这种集体性的"用脚投票"造成了从东南沿海蔓延至全国的"民工荒"。如果将农民工出于这一原因的迁移流动视为其"日常的群体利益表达行动"，有理由认为其和农民工的集体行动"共享着相似的发生机制和过程或者因果机制"（王国勤，2007），这就反映了将农民工的集体行动、代际分化和迁移流动联系起来的必要性。而城镇化是形成农民工迁移流动推拉力的根本性因素，现实中农民工的迁移流动也的确对城镇化有着重要影响，因此，分析城镇化与上述诸问题的关联性也就势在必行。

1.2 本书的写作价值和主要内容

1.2.1 本书的写作价值

本书关注城镇化进程中代际分化的农民工集体行动，其理论价值在于：第一，农民工群体具有中国特色，其集体行动发生的背景也与国外绝大多数国家和地区不同，对此展开研究有助于国内学界在相关问题上和国际学界的主流研究形成某种程度的对话；第二，将农民工的集体行动放到城镇化和农村剩余劳动力转移的背景中去，能使本书更好地联系国情，不仅具有中国特色，而且能在更高的层面以更广的视角分析该问题；第三，两代农民工在个人特征和行为决策上有许多不同，关注代际分化的农民工的集体行动，能使本书对这一复杂问题的研究更加深入，本书研究的科学性也得以增强。

本书研究的应用价值则在于：第一，公共安全方面，本书的研究不仅能为中国其他类似社会问题的妥善解决提供政策参考，同时也有利于以创新管理促进政府职能转变，维护社会的公平正义和社会稳定；第二，人口红利消失、老龄化加速等造成的诸多经济社会问题部分需要依靠持续的农村剩余劳动力转移解决，深入研究农民工的集体行动并以此提出政策建议，有利于推进中国农村剩余劳动力的彻底转移和以人为本的城镇化，也有利于中国经济社会发展的持久稳健。

1.2.2 本书的主要内容

为实现上述理论和应用价值，本书的主要内容围绕三个相互联系的主题展开。第一，在动态视角下考察农民工集体行动的产生。本书将在国际学界对集体行动研究的主流范式基础上，联系国情，综合诸因素的多向交互影响，将农民工这一中国特色群体的集体行动视为其相机抉择的维权行动策略之一，探讨维权过程中农民工的集体行动和不行动、个人行动及退出行动之间的关系，尝试以此解析农民工集体行动产生的动态机制。第二，在同期群效应下考察农民工集体行动的演变。本书将在述评国际学界集体行动研究主流范式的沿革基础上，强调个人特征对集体行动的影响，重点分析改革开放前后出生的不同代际农民工可能异质的个人特征及其在集体行动方面可能存在的不同。这一研究将农民工的集体行动置于中国农村剩余劳动力转移和城镇化的背景中，使变迁的社会和改变的个体紧密结合，进一步突出了动态视角。第三，在策略条件下考察农民工集体行动的终结。本书的动态视角不仅针对农民工集体行动的产生和演变，也针对农民工集体行动的终结，即将农民工集体行动的终结考虑为农民工的集体行动"不参与"，并将此"不参与"同农民工在有限理性之下对流入地城镇"用脚投票"式的再次迁移流动、整个中国的城镇化进程乃至社会变迁相关联,由此也论证了将治理农民工群体性事件和推动城镇化有序发展结合的必要,从而提出具全局观和系统性的相关政策建议。

根据上述主题,本书将主要内容分为5章。

第1章为绪论,主要包括现实背景与理论研究、本书的写作价值和主要内容、本书的研究方法和概念界定等。绪论部分首先介绍了农民工集体行动的现实背景,并从集体行动领域的理论进展出发,梳理和总结国内外相关重要文献,以此逐层提出了本书研究的特别意义,即将农民工的集体行动和其代际分化、迁移流动及中国的城镇化等关键词联系起来的必要性。其次在上述基础上,又从理论和应用两方面分析了"城镇化进程中代际分化的农民工集体行动"这一主题的研究价值,以此提出本书主要围绕的三个相互联系的主题,即动态视角的农民工集体行动产生、同期群效应下的农民工集体行动演变、策略与农民工集体行动的终结,本书的后续章节亦围绕这三大主题逐一展开。最后,该部分介绍了本书使用的主要研究方法,还对贯穿全书的两个核心概念"集体行动"和"代"进行辨析,将"集体行动"区别于群体性事件和"社会运动"等相关词汇,将"代"区别于"年龄",进而给出适合于本书研究的概念界定。

第2章为动态视角的农民工集体行动产生。该部分围绕第1章提出的本书第一个研究目标展开,主要包括"集体行动的社会认同模型""选择的次序:不行动、个人行动、集体行动和退出行动""基于集体行动的社会认同模型和行动选择的一个计量实证""扩展讨论:相机抉择和动态视角的农民工集体行动"等内容。具体而言,该部分从集体行动的社会认同模型(social identity model of collective action,SIMCA)出发,探讨当遭遇权益侵害时,农民工在不行动和各种行动之间的权衡,并结合这一社会认同模型和行动选择理论,使用2010年的湖北省流动人口动态监测数据,通过路径分析和中介效应,研究身份认同和不公影响下的农民工维权行动,论证农民工对不同的维权行动并没有确定的偏好顺序,最后进行扩展讨论,对不同权益侵害情境下的农民工行动进行比较,尝试揭示农民工维权的相机抉择本质及其集体行动产生的动态性。

第3章为同期群效应下的农民工集体行动演变。该部分围绕第1章提出的本书第二个研究目标展开,同时也尝试对第2章所使用的经典集体行动模型进行评价和改进,主要包括"集体行动模型的演进:动态模型和个人-集体综合模型""异质的个人特征和行为决策:第二代农民工及其集体行动的不同""变迁的社会与改变的个体""扩展讨论:同期群效应下的农民工集体行动"等内容。具体而言,该部分首先探讨集体行动的社会认同模型的缺陷,并进一步分析以该模型为基础演化而来的包含规范和非规范集体行动的动态模型(dynamic model of engagement in normative and non-normative collective action,DMENNCA)的改进和不足,提出个人因素与当时的环境共同决定了人们是否参与到集体行动中去，由此得到集体行动的个人-集体综合模型（individual-collective integrated model of collective action，I-CIMCA）。为检验和说明该模型的细节，该部分以第二代农民工及其集体行动为例，探讨了异质的个人特征和两代农民工不同行为决策之间的关系，并加入情境分析，将变迁的社会与改变的个体相联系。在当代中国社会变迁的宏大背景中，以案例方式研究同期群效应下农民工维权的集体行动，在甄别年龄效应和代际效应的基础上，提出社会变迁不仅直接影响农民工个体的改变，还塑造与影响了具体集体行动事件的外部情境和内部情境，从而最终作用于农民工集体行动的演变。

第 4 章为策略与农民工集体行动的终结。该部分围绕第 1 章提出的本书第三个研究目标展开，同时也尝试对第 3 章末尾提出的相关出路问题进行探讨，具体包括"不参与：参与的另一面""失败的集体行动和农民工的再次迁移流动""扩展讨论：城镇化进程中的有限理性经济人"。具体而言，该部分首先提出，要探讨农民工集体行动的终结，就要关注农民工集体行动的"不参与"，而"不参与"和"参与"的关系可能并不仅是一枚硬币的两面，结合现实来看，对"不参与"进行针对性的研究也许不可或缺。进一步，为动态地分析农民工的集体行动"不参与"，该部分提供了一个案例，以一次误打误撞的集体行动及其失败为情境，分析有限理性的农民工对流入地城镇"用脚投票"式的再次迁移流动，并将其微观的行动决策和整个中国的城镇化进程乃至社会变迁相关联。

第 5 章为基于城镇化进程推进的农民工集体行动治理。该部分具体包括"基于城镇化进程推进的农民工集体行动治理的必要性""基于城镇化进程推进的农民工集体行动治理的障碍""基于城镇化进程推进的农民工集体行动治理的目标和原则""基于城镇化进程推进的农民工集体行动治理的政策措施"等内容，主要是基于第 2 章至第 4 章的理论和实证分析，并根据国家在新时期的城镇化战略和现实，提出从全局高度和长远角度进行相关治理的必要性，建议坚持以人为本和依法办事原则，协调城镇化中人口、社会、土地和经济发展的关系，从源头上减少导致农民工群体性事件的成因，促进中国的社会管理完善和社会稳定。

1.3 本书的研究方法和概念界定

1.3.1 本书的研究方法

在完成上述研究内容的过程中，本书使用的研究方法主要包括以下几种。

（1）问卷调查。本书的研究是以大量事实为基础的，充分挖掘了相关部门提供的统计数据和机构单位公布的抽样调查数据，如 2010 年的湖北省流动人口动态监测数据、2011年的中国劳动力动态调查数据。此外，本书还收集了六个城市的农业转移人口调查的一手资料。该调查的问卷设计在文献研究和调研的基础上形成初稿，再经预调查和反复修改定稿。该调查于2016年下半年启动，在全国具有代表性的城市，如北京、上海、广州、郑州、武汉和南昌调查实施，这些城市均为重要的农民工流出/流入地城市。具体到每一个城市，样本的抽选采用城区配额、样本点和调查样本随机抽样相结合的方法。其中，城区配额与各调查城市中心城区的人口规模成比例，样本点和调查样本则随机抽选自这些中心城区农业转移人口密集的用工单位和街道办事处（以下简称街道）。该调查的第一期工作结束后，经问卷清理、数据录入、机器校验、人工复核与补充调查，有效样本达到1409个。该调查的更多详情参见3.2.1小节。

（2）案例分析。除上述调查外，笔者还组织进行了多次农民工专项调研，主题集中于"变迁的社会与改变的个体""失败的集体行动和农民工的再次迁移流动"等。其中，第一个案例的理论逻辑是：现实中，第二代农民工和第一代农民工在个人特征上出现差异，理论上，个人特征会影响人们的集体行动，故而第二代农民工作为"改变的个体"，其集体行动也将和第一代农民工有所不同，但这还与"变迁的社会"有关。第二个案例的理论逻辑是：当遭遇权益侵害时，如果农民工包括集体维权在内的维权手段均无效，那么他们通常会实施以再次迁移流动和返乡为形式的退出。农民工的迁移流动和中国的城镇化紧密关联，一方面，城镇化的过去和现在决定了农民工的迁移流动方向及其变化；另一方面，农民工的迁移流动方向及其变化又决定了城镇化的现在和未来。农民工迁移流动和中国城镇化的这种相互影响形成了农民工在生活和工作中进行种种决策的宏观背景，促进和构成了社会变迁的一部分。2014~2017年，笔者在全国多地组织走访调研，最终在广东深圳、河北邢台找到了代表性案例，在客观分析的基础上论证了上述命题。两个案例的详情分别见第3章和第4章。

此外，本书在理论分析部分以集体行动的社会认同模型和由其演化而来的包含规范和非规范集体行动的动态模型为基础，提出强调个人因素影响的集体行动的个人-集体综合模型。实证方面，本书也大量运用了统计和计量方法。这些方法来自多学科的理论和实践进展，其综合运用将使本书的研究更加科学与规范。

1.3.2 本书的概念界定

1. 关于集体行动

在集体行动的理论研究领域和政策实践层面，中国出现最早和使用最频繁的概念是"群体性事件"。在中国知网（www.cnki.net）的期刊文献中，以"群体性事件"为关键词进行检索，可发现最早的文献发表于1994年，并且同年，全部的文献检索结果都和公安、政法、警学、犯罪等问题有关（任金贤等，1994；叶德宇，1994；郭永运，1994；王秀全，1994；王济晟，1994；李进武，1994；黄松禄，1994；黄光祖和李昱，1994；郑训斌，1994；山西省公安厅三处，1994）。到 2005 年左右，相关期刊文献超过百篇。此后的几年中，研究者从法制、政治、社会、文化、心理和经济等角度不断拓展对群体性事件的分析。冯仕政（2015）指出，在群体性事件之外，诸如"群众性事件""突发事件""群众性突发事件""群体性突发事件""群体性治安事件""紧急治安事件""群体性紧急治安事件"等概念也同时存在。2003 年以后，"群体性事件"因精准简洁、包容完备、符合维稳政治模式的要求，逐渐成为这一系列概念中最为人们广泛接受的一种。

"群体性事件"和上述相关词汇直接来源于生活，然而严格意义上讲，其理论水平较低，研究者使用这些概念时往往没有对其进行详细和专业的界定，抑或是即使进行了界定，但界定标准不统一，这都给相关研究的规范化和深入造成了麻烦。王国勤（2007）指出，多数研究者对群体性事件的界定都强调了事件的违法性和社会危害性，甚至以此认为其在本质上有别于"群体利益的表达行动"（应星，2007）——这在经验和学理上都禁不起推敲。而与此相比较，集体行动一词更具统摄性和规范性，更适合于当前中国情境的社会矛盾冲突研究（王国勤，2007）。

值得注意的是，首先，集体行动的概念不同于社会运动的概念。赵鼎新（2005）提出，集体行动是指有许多个体参加的、具有很大自发性的体制外政治行为，社会运动是指有许多个体参加的、高度组织化的、寻求或反对某些特定社会变迁的体制外政治行为。当代中国社会不存在爆发社会运动的结构性条件，虽然社会问题较多，集体行动时有发生，但这些集体行动只停留在经济和利益层面上（赵鼎新，2006），和社会运动有着本质区别。我们可以借鉴西方社会运动理论的进展对这些集体行动进行辅助研究，但势必不能混淆二者的概念。其次，集体行动一词有广义和狭义之分。最广义的集体行动概念无所不包，将上述社会运动的概念也囊括在内，但这显然不适合本书的研究。王国勤（2007）曾尝试从狭义角度对集体行动给出一个多维度界定：很多个体参加、组织化程度很低、制度化程度很低、改变现状的诉求程度很低、持续时间一般比较短、行动方式表现为从有节制的行动到逾越界限的行动间的连续谱和规模一般较小。本书的研究将在这一集体行动界定的基础上进行。

然而与此同时，本书更关注以利益相关者为主体的集体行动。更具体地说，本书考察的是当受到权益侵害时，农民工旨在权益维护或避免进一步权益侵害的集体行为。这在本质上是一种利益表达行动，目的是解决利益冲突。也因为这一点，本书的研究工作主要从经济学视角展开是合理的。但是，在具体的分析过程中，社会学、心理学乃至政治学等的相关理论和方法依然被本书借鉴。方法上的多学科交叉将使本书的研究更具综合性，结论也更加科学和客观。

2. 关于年龄和代

由于成长环境不同，我国改革开放以后出生的第二代农民工和改革开放以前出生的第一代农民工在个人特征上存在不少差异。因为个人特征不同，面对权益维护的集体行动，两代农民工也往往表现出不同的态度和行为。许多学者对此进行了分析。例如，在案例研究方面，卢晖临和潘毅（2014）围绕一个男性第二代农民工的自述，结合在深圳和东莞的田野调查，提出"身份政治弱化了第一代农民工对打工生活中遭受的苦难的表达，更在一定程度上消解了他们的集体行动能力"，而"第二代农民工对于苦难的体验却更加真切和敏锐，他们由焦虑和痛苦走向愤怒和怨恨，并在这种情绪支配下频繁卷入各种针对资本的集体行动"。又如，在定量研究方面，李超海（2009）利用2006年的珠江三角洲（以下简称珠三角）农民工调查数据，分析了农民工集体行动和集体行动参加次数的影响因素，结果显示农民工年龄越大，参加集体行动的可能性越小，由此得出结论，"新生代农民工不仅年龄小、务农经验少、自我期望高、渴望融入城市的愿望强烈，而且一旦制度供给的渠道不畅通，他们发动集体行动的可能性远比中老年农民工高"。再如，李琼英（2013）利用2010年的珠三角农民工调查数据，专门对农民工的集体行动参与进行了代际差异实证，得出结论，"新生代农民工无论是客观的集体行动参与还是主观的集体行动参与意愿均高于老一代农民工"。

但这些研究可能存在一些共同的问题。第一，许多文献根据年龄的回归结果得出"代"的结论，也许部分混淆了年龄和"代"。事实上，"代"不仅指通过年龄自然属性区分的不同人群，还包括在不同时代背景下形成的具有不同价值观念、思维方式和语言习惯等社会属性的不同人群。从这个意义上讲，年龄分析是不能替代"代"的分析的。第二，虽然作为"代"的自然属性，年龄通常是划分"代"的最直接依据，但年龄的意义不止于此，许多模型中的重要自变量，如人力资本、社会资本等都天然随年龄的改变而改变。如果混淆年龄和"代"，在模型中使用代际变量而不再对年龄进行控制，往往就会漏掉可能存在的年龄隐含的其他重要影响，并且，这些影响在很多时候是非线性的，这也是许多文献在模型中加入年龄的二次项作为自变量的原因。从这个意义上讲，"代"的分析也是不能替代年龄分析的。

针对上述问题，本书将尝试探讨农民工的代际分化和其集体行动的关系，在区别"代"和年龄的基础上，致力于辨明两代农民工集体行动方面的差异。但遗憾的是，由于数据局限，本书的定量研究无法做到最佳。如果数据可获得，队列分析（Deaton，1985）将极大改善相关分析的科学性，其具体做法是，把样本的生成时间作为划分队列的依据，通过连续调查，观测不同队列的人相关行为的均值，借此进行伪面板分析。队列之间的系统性差异就是通常讨论的代际效应，它源于同队列对相同经历或社会变迁形成的共同反应（魏下海等，2012），而控制了这一系统性差异后的剩余效应则显示了个体行为的生命周期特征，此即为通常所说的年龄效应（Yang，2008）。其中，年龄效应通常表现出明显的驼峰形态——幸运的是，这是可以用一般数据和方法而非队列分析就可以验证的。另外，为弥补上述定量研究的不足，本书将结合案例分析对该问题进行补充讨论。

第 2 章　动态视角的农民工集体行动产生

2.1　集体行动的社会认同模型

集体行为（collective behavior）的参与者是非理性的，情感在集体行为的发展过程中起着关键作用，这是传统集体行为理论关于集体行为参与者微观动机基础的两个基本假设（赵鼎新，2006）。奥尔森（Olson，1971）的集体行动理论提出后，学界转而关注人们集体行为的理性方面，集体行动（collective action）亦逐渐替代集体行为，成为被广泛使用的术语。但这一时期的集体行动理论存在过度强调理性作用的倾向，由此诞生的资源动员理论（resource mobilization theory，RMT）和政治过程理论（political process theory，PPT）则无视其他，完全将集体行动归结为社会资源或政治机会有效利用的理性产物（王国勤，2007）。

到 20 世纪末，学界重新意识到非理性和情感在集体行动中的重要性。以社会认同理论（social identity theory，SIT）为基础，结合相对剥夺理论（relative deprivation theory，RDT）和资源动员理论，研究者逐渐提炼出激发群体情感的认同（identity）、不公（injustice）和效能（efficacy）三个重要因素，并尝试进行整合。

在社会认同理论中，人们所在群体的弱势或劣势地位引起了人们的负面社会认同（Tajfel and Turner，1986）），这促使人们尝试改善其社会地位。在该过程中，人们的相关策略偏好部分取决于他们对某些现实情况的感知，如稳定性（stability）、合法性（legitimacy）和可渗透性（permeability）等群际关系中的社会结构变量，也部分取决于人们对所处群体的认同，而考虑到人们对所处群体的认同又部分取决于他们对上述现实情况的感知（Ellemers，1993），故而可以认为，认同是这些社会结构变量和人们相关策略之间关系的中介，人们也因此在不同程度上愿意以个人或集体模式改变现状。

着重于强调不公的相对剥夺理论认为，人们有时会发现他们希望得到更多，或认为自己现在拥有的少于应该拥有的，从而产生诸如愤怒、怨恨等相对剥夺感，而这会引起他们做出特定的行为反应（Dubé and Guimond，1986；Mark and Folger，1984）。此外，研究者还对个人/自我（personal or egoistic）相对剥夺、群体/同胞（group-specific or fraternal）相对剥夺进行了区分，前者产生于和其他个体的比较，后者产生于将自身所属群体与其他相关社会群体的比较（Runciman，1966）。该理论和社会认同理论有许多共同之处，其中最为重要的是，它们都有助于解释在广泛的社会环境中关于人们行为的一些关键问题，如人们如何对自身所处的低下社会地位做出反应、如何改善处境等，尤其是，有助于解释人们采取集体行动的前提（Mummendey et al., 1999）。

在资源动员理论中，只有当人们相信自己拥有足够的资源以有效挑战社会不公，相对剥夺才会引起集体抗议行为。人们参加集体行动是因为人们相信集体行动可以比个人行动更有效地达成目的，由此得到基于群体的效能（group efficacy）概念——人们能够感觉到一种集体的力量感，正是这种集体力量感使他们相信他们所在群体的状况和命运能够改变（Drury and Reicher, 2005）。多项研究表明，这种集体力量感与人们的抗议参与高度相关（van Zomeren et al., 2008）。Klandermans（1984）也提出，当人们认为参与抗议有助于以可承受的成本纠正他们的不满时，他们将更加愿意参与其中。这里的关系非常直接：越认为抗议的参与有效，人们越愿意参与（Klandermans, 2013）。

由此，认同、不公和效能这三个影响集体行动的重要因素被逐一提炼，但此时，学界对这三个因素是独立作用还是相互影响及如何相互影响，仍然存在很多分歧，直至集体行动的社会认同模型（van Zomeren et al., 2008）诞生，这种分歧才结束。该模型如图2-1所示，其中认同居于中心地位，认同、不公和效能共同决定了人们的集体行动，其中不公和效能是认同对集体行动的作用的中介。

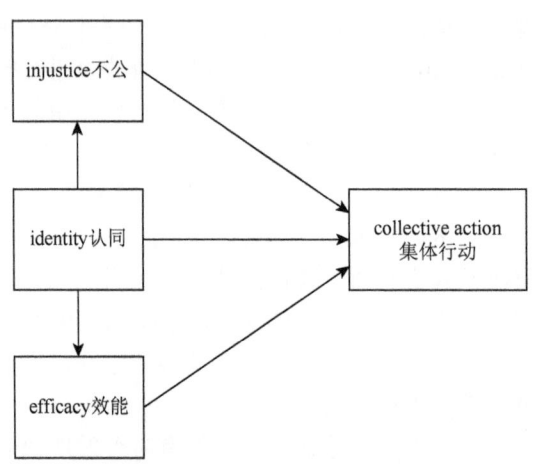

图 2-1　集体行动的社会认同模型

2.2　选择的次序：不行动、个人行动、集体行动和退出行动

改革开放以来，我国大规模的城乡人口流动持续至今，其在各种制度藩篱

下流而不迁的现实造就了中国特色的数量庞大的农民工群体。他们中的大部分人是拥有农村户口的城镇雇员，生活中身份的特殊性使其在工作中也时常遭遇权益侵害。

对此，政府和学界给予了充分关注，近年来频发的农民工维权群体性事件尤其受到关注。但应当注意到，面对权益侵害，事实上，农民工采取的行动是多样化的，其中的小部分才是前述被称为群体性事件的集体行动，大部分则是个人行动。在中山大学社会科学调查中心开展的"2011中国劳动力动态调查"（2011 China labor-force dynamics survey，2011 CLDS）（广东省），相比动辄超过50%的个人行动权益维护渠道倾向，所有类别的情境下，农民工打算采取集体行动维权的占比都不超过15%。而由于人们的态度和行为可能有差别，集体行动和其他直接抗争行动的实际发生就更少。在2010年一项对珠三角和长江三角洲（以下简称长三角）的农民工调查中，仅有2.84%的受访者在调查前一年参加过维权行动（梁宏，2013）。究其原因是农民工具有高流动性，而且这种高流动性也许和农民工囿于次属劳动市场而广泛面临权益侵害时往往采取"用脚投票"的习惯做法而非进行抗争性维权有关。相比抗争意图明显的个人行动和集体行动，这些农民工的"用脚投票"或者在第一时间发生，或者不在第一时间发生。其中，不在遭遇权益侵害的第一时间发生的"用脚投票"，就有可能被农民工这一群体已经标签化的高流动性所掩盖，而不被视为维权行动的一种，即使它同样旨在维权或者至少是为避免权益被继续侵害。

对农民工权益维护行动的研究，个人行动和这种以"用脚投票"即退出形式存在的行动应当与集体行动一样受到重视，否则将造成对农民工维权事实的错误解读，进而可能导致相关对策从理论源头开始发生偏误。本节和2.3节将集体行动、个人行动和退出行动一同放入农民工的维权行动选择集中，在此基础上，考察这几种行动之间的替代关系和可能的顺序关系，并在前述集体行动的社会认同模型的理论支持下，讨论作用于农民工不同维权行动选择的几个主要因素。

关于人们的维权行动选择，Wright（2009）提出，人们首先将选择行动或者不行动，其中，不行动通常是实际上出现最多的选择，而在确定选择了行动后，人们再选择采取个人行动还是集体行动。与此同时，关于人们在个人行动和集体行动之间的选择，Blader（2007）提出，即使有时无论采取任何形式的行动，个人和企业关系的改变都不可避免，但人们也可能更倾向于选择较为自主和可控的个人行动，而非集体行动。

国内的相关研究亦有相近而非相同的结论。当比较农民工受剥夺程度与抗争行动的关系，徐永祥和胡兵（2013）通过案例研究提出，农民工的抗争行动首先是"运用正式制度"，其次是"无奈被动容忍"，接着是"选择自行退出"，然后是"主张个人变通"，最后是"诉诸集体行动"。如果按照前述不行动、个人行动、集体行动的划分，此处"运用正式制度"和"主张个人变通"属于个人行动，"诉诸集体行动"属于集体行动，"无奈被动容忍"属于不行动，但现实中，并未发生在权益侵害后第一时间的"选择自行退出"，往往也会被归入不行动。甚至，如果考虑人们的退出实际上也有个人退出和集体退出之分，"选择自行退出"或许还应该视具体情况被归入更多和更细致的类别。这就给不行动、个人行动和集体行动的传统划分提出了挑战，诸顺序结论也因此出现矛盾（图 2-2）。

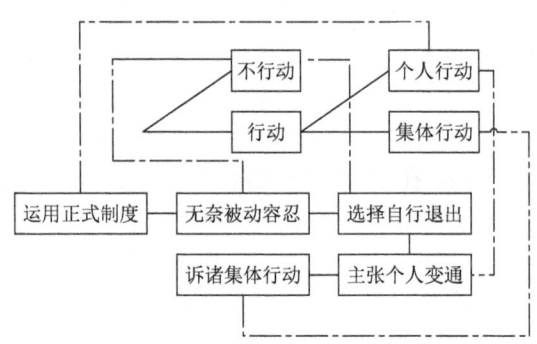

图 2-2　不同的行动划分和顺序

本节综合上述观点，假定当遭遇权益侵害时，农民工可以选择不行动、个人行动、集体行动和退出行动的任何一种。其中：①个人行动包括"运用正式制度"和"主张个人变通"；②集体行动指"诉诸集体行动"；③退出行动指"选择自行退出"，而无论滞后与否，也无论是个人退出还是集体退出——这样处理的理由是，人们采取个人行动和集体行动可能旨在对具体权益侵害问题的解决，是主动和积极的，而采取退出行动可能旨在避免继续遭受权益侵害，是相对被动和消极的，但现实中，也有作为威胁雇主解决具体权益侵害问题的、等同于罢工的退出，后者应依实际情况归类于集体行动或个人行动；④不行动指"无奈被动容忍"。然而，在这样的设定下，考虑到一旦承认退出的滞后可能，也就意味着承认了我们观察到的不行动或许会是实际上没有在既定时期内观察到的退出行动，人们在诸行动选择之间的顺序也就难以通过实证来确认了，这构成了本节不试图对农民工维权中的不行动进行特别分析的原因。这部分是因为本节所使用的数据中没有关于"真实的不行动"条目，部分是由于在我们看来，农民工的高流动性本身就意味着，他们"真实的不行动"是少见的。

在余下的个人行动、集体行动、退出行动中，本节假设三种行动选择是相互替代的，其顺序关系如果存在，则有待检验。另外，值得一提的是，如果将退出无论滞后和非滞后，都视为人们对广义上通过不同工作所获得权益（即收益）进行比较的结果，那么当农民工表示打算换一份工作，则意味着，另一份潜在的工作将被视为能改善其广义上的权益(即收益),反过来就是,当前工作相对地有损于其本该获得的广义上的权益(即收益)。显而易见,这是促成农民工高流动性的直接原因,但从这个意义上看,农民工的高流动性和出于维权的退出行动,也许根源在本质上是相同的,即使权益和权益维护的提法让问题表面上看起来更为严重和不同寻常。这样的理解有助于我们将农民工的退出行动和其权益维护更好地联系起来。

基于上述相互替代的行动假设,关于人们选择个人行动、集体行动和退出行动中某种行动的理由,就可以参考用于分析其中之一的集体行动的相关理论进行讨论。由于集体行动理论的相对成熟,这样做的好处毋庸置疑。如前所述,对人们的集体行动,集体行动的社会认同模型综合了认同、不公和效能的影响,基于相互替代的行动假设,这一模型可被改造用于本节对个人行动、集体行动、退出行动的综合分析。但由于缺乏针对三种行动的效能数据,我们不试图利用该模型分析效能的影响,而致力于分析认同和不公对农民工三种行动选择的作用。在此,本节做出如下假设(图 2-3):认同和不公分别作用于三种行动;不公是认同对三种行动的作用的中介;三种行动之间相关。其中,认同指对农民工身份的认同,不公指不公平感。

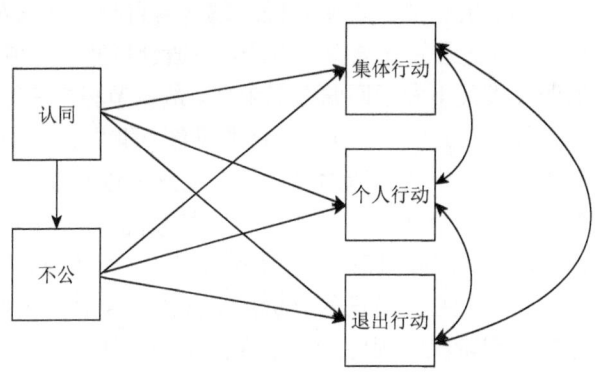

图 2-3 待检验的假设:认同、不公和三种行动

具体而言,基于集体行动的社会认同模型,本节做出如下假设。假设 2-1:越认同自身的农民工身份,越不积极抗争,个人行动和集体行动的倾向越低,但消极抗争,即退出行动的倾向越高。假设 2-2:农民工越感到不公平,积极抗争,个人行动和集体行动的倾向越高,与此同时,消极抗争,即退出行动的倾向也越高。假设 2-3:认同农民工身份作用于不公平感,此外,其作用于各种行动倾向的效应也可能部分地是通过不公平感起作用。假设 2-4:集体行动、个人行动和退出行动之间可能呈现相互替代的关系。

2.3 基于集体行动的社会认同模型和行动选择的一个计量实证

2010年下半年，湖北省流动人口动态监测调查在武汉、黄石、宜昌、恩施[①]进行，回收4200份有效问卷，数据中符合农民工身份定义的样本合计751个，其中女性农民工样本占41.7%，样本年龄的均值为32.8，标准差为8.231。

（1）认同变量。问卷询问了受访者对"无论挣多少钱，我也不可能成为本地人中的一员"说法的态度，备选回答依次为"完全不同意""不同意""同意""完全同意"。社会认同理论认为，群体边界的可渗透性、稳定性、不合理性影响了人们的认同，不可能进入优势地位群体的人们将感到归属于弱势地位的群体，而认为地位状态可变的人则会将抗争看成提高群体地位的手段，尤其当觉得弱势群体的地位不合理时（Tajfel and Turner，1979）。问卷中，"无论挣多少钱，我也不可能成为本地人中的一员"，这种表述至少暗示了城镇市民和外来农民工两个群体边界的低可渗透性和高稳定性。鉴于问卷中该问题的表述对群体边界的低可渗透性和高稳定性的设定，以及现实中农民工群体弱势地位被普遍视为合理的状况，我们认为样本越同意该问题的说法，表明农民工越认同自身的外来农民工身份而非城镇市民身份。但由于该变量的分类少于五个，不适合将其近似地视作连续变量，而直接使用原始的四分类又不利于回归及其解释，故本节将"完全不同意"和"不同意"合并为"不认同农民工身份"分类，将"同意"和"完全同意"合并为"认同农民工身份"分类，由此将其改造为"认同"哑变量进入分析。

（2）不公变量。参考调查问卷中"您认为目前您所在企业影响您发展的主要问题是什么"条目，如果受访者回答"工资待遇太低"，即认为其充分感受到了不公，我们据此创建"不公"哑变量进入分析。但此处的不公仅仅反映分配不公，至于程序不公，考虑到现阶段我国绝大多数农民工的生活工作状况和诉求，本节不对程序不公进行特别关注。

（3）集体行动变量。参考调查问卷中"如果您所在单位发生了劳动争议的群体性事件，您会采取何种行动"条目，如果受访者回答"有这样的事件就参加""多数人参加才参加""涉及自身利益时才参加"，则视为其"参与"，如果受访者回答"说不好"，则视为其"不确定"，如果受访者回答"不参加"，则视为其"不参与"，我们据此创建一个三分类的"集体行动"有序变量进行分析。值得一提的是，可能有争论认为，该变量使用的数据是样本针对假设情境的回答，因此不可与本节采用实际情况数据反映的个人行动变量和退出行动变量并列。但我们在此

[①] 恩施土家族苗族自治州简称恩施。

处的考虑是，即使调查问卷对上述问题假设了情境，受访者在回答时也必定结合了个人的实际情况，如自身和企业的关系，以及未来换工作的打算。此外，还可能有争论认为，上述三分类的变量设置中，既然已经谈到了"劳动争议""涉及样本自身利益"，在此基础上再讨论不公平感的作用就似有不妥。在此我们的考虑是，如前所述，比起程序不公，分配不公的影响可能更大，而"劳动争议""涉及样本自身利益"所涉及的也许是不区别程序不公和分配不公的笼统而模糊的不公平，尤其，假设情境的事件是突发的，而受访者对工资待遇的评价是持续形成的，这种情况下，特别地控制分配不公就依然是有意义的。

（4）个人行动变量。参考调查问卷中"您目前与所在单位的关系如何"条目，受访者的回答从"非常好"到"非常不好"，该有序五分类变量可近似处理为连续变量。之所以将这一数据用于反映个人行动，主要是因为考虑到人们对自身和企业关系评价的实质——依靠"关系"的"个人变通"是农民工最容易选择的抗争方式（徐永祥和胡兵，2013），这就将关系和个人行动直接联系起来，构成了本节将受访者和目前所在单位的关系设定为反映个人行动变量的主要依据。

（5）退出行动变量。问卷询问了受访者"未来一年内您打算换工作吗"，备选回答为"是"或"否"，我们据此创建"退出行动"哑变量进行分析。此处，采取态度而非行为数据进一步排除了将滞后的退出和"真实的不行动"混淆的可能。

表2-1列出了变量描述和相关矩阵。需要说明的是，我们对年龄、性别、受教育程度、工作经验和技能等个人特征变量没有进行分析，原因是本节的研究目的并不是进行年龄、性别、受教育程度的分组比较；农民工的职业流动性决定了其工作经验和技能变量在衡量上的困难，且其不放入回归也不会影响本节的主要结论。

表 2-1 变量描述和相关矩阵：认同、不公和三种行动

项目	变量	含义	注释	均值	标准差	类别比例	2	3	4	5
1	I	认同	1 = 认同农民工身份	0.17	0.376	17.0%	0.059	0.142^{**}	0.075^{*}	0.093^{*}
			0 = 其他			83.0%				
2	J	不公	1 = 感到分配不公	0.43	0.495	42.7%	—	-0.014	0.286^{**}	0.098^{**}
			0 = 其他			57.3%				
3	CA	集体行动	1 = 参与	1.80	0.841	47.3%	—	—	-0.074^{*}	-0.010
			2 = 不确定			25.4%				
			3 = 不参与			27.3%				
4	IA	个人行动	1~5 倾向由高到低	2.55	0.695	—	—	—	—	0.108^{**}
5	QA	退出行动	1 = 退出	0.21	0.405	20.6%				
			0 = 其他			79.4%				

*表示 $p<0.05$，**表示 $p<0.01$
注：$n=751$

为更好地处理类别变量，本节使用对角加权矩阵伴均值-方差校正卡方检验的加权最小二乘法估计（Flora and Curran，2004；Beauducel and Herzberg，2006；Finney and Distefano，2006）。由于使用该种估计方法，加之样本量和数据非正态，模型拟合指标选取加权误差均方根，其值 0.015＜0.08，表明拟合良好。分析结果见表2-2和图2-4。其中，不公对集体行动的影响路径不显著，认同对不公的影响路径不显著，集体行动和退出行动的相关性不显著。其余影响路径和相关性都达到了可接受的显著水平。至于不公的中介效应，从认同到集体行动和从认同到个人行动的中介效应均不显著，但从认同到退出行动的中介效应若按90%的置信区间则可接受。

表 2-2 路径分析和中介效应：认同、不公和三种行动

路径	标准化系数	未标准化系数	标准误
$I \to CA$	0.159****	0.428	0.108
$J \to CA$	−0.018	−0.034	0.075
$I \to IA$	0.057*	0.105	0.058
$J \to IA$	0.183****	0.232	0.071
$I \to QA$	0.114**	0.305	0.134
$J \to QA$	0.132***	0.243	0.069
$I \to J$	0.054	0.079	0.050
$CA \leftrightarrow IA$	−0.100**	−0.068	0.027
$QA \leftrightarrow IA$	0.118**	0.08	0.035
$CA \leftrightarrow QA$	−0.036	−0.036	0.059

中介效应	−0.5%	−2.5%	−5%	估计值	+5%	+2.5%	+0.5%
$I \to CA$							
间接效应	−0.012	−0.009	−0.007	−0.001	0.002	0.002	0.005
直接效应	0.047	0.079	0.089	0.159	0.220	0.230	0.248
$I \to IA$							
间接效应	−0.016	−0.008	−0.004	0.010	0.023	0.026	0.032
$I \to QA$							
间接效应	−0.002	0.000	0.001	0.007	0.017	0.018	0.023
直接效应	−0.026	0.013	0.028	0.114	0.196	0.212	0.232

*表示 $p<0.1$，**表示 $p<0.05$，***表示 $p<0.01$，****表示 $p<0.001$

注：$n=751$

第 2 章 动态视角的农民工集体行动产生

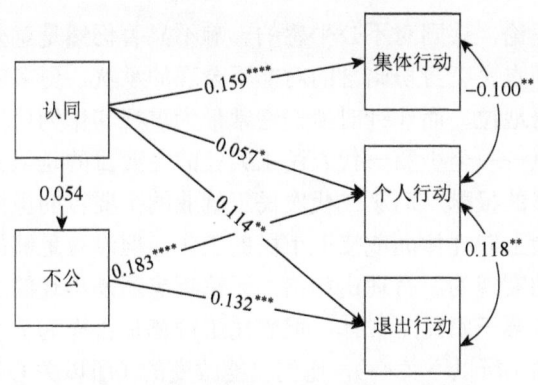

图 2-4 路径：认同、不公和三种行动

*表示 $p<0.1$；**表示 $p<0.05$；***表示 $p<0.01$；****表示 $p<0.001$。$n=751$；图中只显示了显著关系，但由于不公的中介效应（从认同到退出行动）显著，认同对不公的系数也被标注

上述结果表明，样本越认同自身的农民工身份（1 = 认同农民工身份，0 = 其他），越不倾向于参与集体行动（$\beta=0.159$，$p<0.001$；1 = 参与，2 = 不确定，3 = 不参与），越不倾向于采取个人行动（$\beta=0.057$，$p<0.1$；1~5 倾向由高到低），越倾向于采取退出行动（$\beta=0.114$，$p<0.05$；1 = 退出，0 = 其他），假设 2-1 得证。考虑之前提及的社会认同理论，如果人们认为群体的边界难以渗透和相当稳定，抗争就不会被视为提高地位的有效手段，这也许导致了当遭遇权益侵害，对自身农民工身份认同高的人更不倾向于参与集体行动和采取个人行动维权。当然，这可能还因为长期处于权益受侵害的弱势地位使他们对与此相关的诸多不合理习以为常。另外，认同农民工身份也就认同了农民工的高流动性，当群体边界难以跨越，退出就成为维权的高效手段，固然这种方式在解决权益侵害的具体问题上是消极和被动的，但作为弱势群体避免权益继续遭受侵害的手段却是主动和积极的。

上述结果也表明，样本越感到分配不公（1 = 感到分配不公，0 = 其他），越倾向于采取退出行动（$\beta=0.132$，$p<0.01$；1 = 退出，0 = 其他），但越不倾向于采取个人行动（$\beta=0.183$，$p<0.001$；1~5 倾向由高到低），对采取集体行动倾向的影响则不显著。其中，和假设 2-2 不一致的结果可能在很大程度上是源于行动间的替代关系，假设 2-2 部分得证。

除了这些直接效应，认同还通过不公间接作用于退出行动。上述结果表明，虽然认同农民工身份对样本的不公平感没有显著影响（$\beta=0.054$，$p>0.1$；1 = 感到分配不公，0 = 其他），但认同作用于退出行动的效应部分地是通过样本的不公平感起作用，具体说来，不公平感在这里起着"推波助澜"的作用，其总效应经计算为 0.121，间接效应 0.007 在这一总效应中的占比为 0.058，即认同作用于退出行动的效应大约 6% 是通过不公起的作用，假设 2-3 部分得证。

但对比经典理论，认同对不公平感的影响不显著仍然是意外的。一个可能的解释是，样本认同农民工身份暗含的对非不合理的承认，更多的是针对农民工这一群体天然的弱势地位，而非针对他们通常最为重视和作为他们进城务工终极目标的个人经济回报——至少第一代农民工就业的主要目的是求生存为主，工作期望是拿到比种田多的报酬，而第二代农民工就业的主要目的虽然已经是追求生活质量，在工作期望上向往体面或接近市民的工作，但没有足够的经济回报，是无法支撑任何理想的实现的。有理由相信，无论年老还是年轻的农民工，即使他们强烈地认识到自身属于农民工群体，但农民工群体是否作为一个整体而遭受不公是他们无法改变的（所以不关心），他们仅能改变的（所以关心）唯有他们个人是否遭受不公。并且，如前所述，这种公平也许更多地着重于分配结果而非程序环节，这源于农民工的诉求之低和生存环境的恶劣。

同样让人感到意外的是，在认同和集体行动、个人行动的关系里，不公也不再扮演这样的中介，尤其考虑到，在认同和集体行动的关系中，不公作为中介是被集体行动的社会认同模型认定的。究其原因，如前所述，农民工这一群体的特殊性应予以充分考虑。认同农民工身份不会激发他们针对个人经济回报的更多的不公平感，这种不公平感由于其他原因而有所增加也不会更多地激发他们采取包括集体行动在内的旨在解决具体权益侵害问题的主动行为，相反只会导致他们和企业的关系变坏从而更加难以采取个人行动和更倾向于最后一种选择即退出行动。其中，不公平感的增加没有显著影响他们的集体行动参与倾向也是出乎意料的，这也许意味着国外相关理论在应用于分析中国问题时是有局限性的。

再来看三种行动之间的关系。前述结果显示，在本节的变量设置下，显著的负相关性（$r=-0.100$，$p<0.05$）表明，样本的集体行动（1=参与，2=不确定，3=不参与）和个人行动（1～5 倾向由高到低）之间呈现了替代关系，而显著的正相关性（$r=0.118$，$p<0.05$）表明，样本的个人行动（1～5 倾向由高到低）和退出行动（1=退出，0=其他）的倾向之间也呈现了替代关系，但集体行动和退出行动之间并无显著的相关性，假设 2-4 部分得证。对后者，尝试分析呈现这种结果的原因：集体行动和退出行动之间的替代关系可能存在，但二者之间或许也存在互补关系，其可能的解释是，由于打算退出，参与集体行动的成本和风险可忽略不计或至少是极大地降低。

基于上述分析，对这三种行动进行确定的排序就是不太现实的。以两种情况举例：当较为认同自身的农民工身份，人们将更加偏好退出行动而非集体行动和个人行动，而当不怎么认同自身的农民工身份，人们的偏好顺序相反；当分配不公平感较为严重，比起个人行动，人们将更加偏好退出行动，而当分配不公平感基本没有时，人们的偏好顺序相反，并且无论如何，这同集体行动都没有什么关系。

在此可能有争论认为,现实生活中,关于农民工遭遇权益侵害的典型事实应当是:人们认同自身的农民工身份和对分配感到不公平。这种典型事实下,如果前述分析成立,那么农民工的行动偏好将会是退出行动优于其他行动,尤其优于个人行动。这符合农民工群体高流动性的实际情况。从这个意义上讲,部分地对三种行动进行排序就是可以实现的。但我们的看法是,至少,随着第二代农民工逐渐成为农民工群体的主要构成,上述典型事实中的"认同"也许会转变为"不认同",这和年轻一代农民工不同的个人特征有关。在本节所使用的数据中,如果将出生于1980年前后作为划分两代农民工的界线,那么调查中第一代农民工的"认同"比例为17.8%,而第二代农民工的"认同"比例为15.9%。这种情况下,如果前述分析成立,那么农民工的行动偏好将会是退出行动劣于其他行动。与此同时,人们对公平的评价也会由于注意力的改变而改变,如果第二代农民工比第一代农民工更关注程序公平,那么前述分析未必成立,并且,如果随着《中华人民共和国劳动合同法》(以下简称《劳动合同法》)的普遍实施和不断完善,公平的客观存在也会发生改变,这都将导致前述分析中"公平"变量及其作用的改变。

总之,对三种行动偏好进行确定的排序在我们看来是无法做到的,即便在存在"典型事实"的前提下,也不可能完全地下结论,因为这或许本身就是一个因时因地而变的问题。但我们也不否认这样一种说法:人们表现出来的偏好顺序反映的是经权衡的结果,而非权衡时的顺序。然而如此一来,一切就变为无法观察的,或者至少是难以在非实验的场合进行测量的。不过,按照其描述,2.2节引用的Blader(2007)、徐永祥和胡兵(2013)的结论所针对的也并非权衡顺序,而是权衡结果的顺序,这部分确认了本节的研究意义。

2.4 扩展讨论:相机抉择和动态视角的农民工集体行动

实际上,我们的确倾向于认为,农民工的维权是一个因时因地而变的问题。这主要是由于,农民工的维权行动受多因素影响(和经纬等,2009;徐增阳和姬生翔,2015),其中至少包括单位和国家的制度环境等外因以及人力资本、情感和社会阅历等内因(郑卫东,2014),而特定的情境如工伤也会对此造成影响(郑广怀,2007)——该研究利用"外来工需求调查"和"珠三角工伤调查研究项目"的数据,分析了影响农民工维权行动的微观因素,提出资历(包括工龄、工作职位)和工作流动性及信息的获取显著影响了农民工的维权行动,并且注意到"不同于工资拖欠和超时加班,工伤是一种较为严重和明显的伤害",提出这一情境下农民工的维权行动会有所不同。然而由于数据所限,该文并没有对不同的具体情境分类比较其影响,并且实证中的因变量也仅涉及有限的维权行动种类,即"是否向有关部门投诉或到法院提起诉讼""知道老板没有为自己购买工伤保险时,是否向老板提出过要求购买"。面对农民工维权行动逐渐复杂的现实,本节尝试对其进行梳理和分类,在此基础上探讨不同的典型情境下,个人特征不同的农民工的维权行动偏好。

关于人们的行动选择,参考 Wright(2009)对不满的反应的分类,部分见图 2-5,当面临特定情境,人们将首先选择行动或者不行动,如果确定选择行动,再在个人行动和集体行动之间做出选择。但从根本上讲,这仍然只是在静态地考虑问题,假设动态地考虑问题,无论是个人行动者还是集体行动者,都有可能中途退出而重新回到不行动选择。当由于数据局限无法进行完全的动态分析时,将人们面临特定情境时可选择的行动假设为相互并列就是有必要的,这同时也是 2.3 节论证的主要内容。另一个可供参考的重要事实是,正如本节实证部分打算使用的因变量数据,问卷调查中,"辞职"通常被研究者视为"行动"下一级的策略选项之一,然而,"辞职"通常又是十分消极的做法,等同于针对具体情境的"不行动"。结合无法进行完全动态分析的数据条件,这更让我们相信并列的行动假设必要而且合理,见图 2-6。

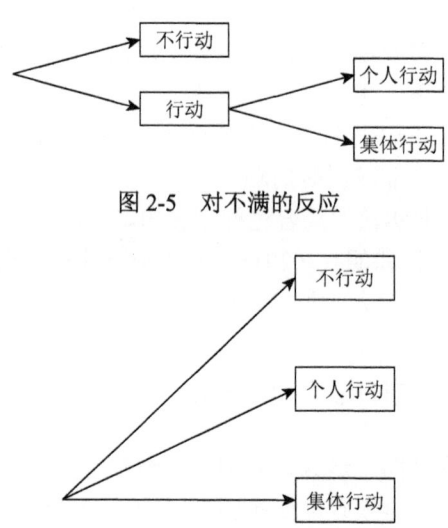

图 2-5 对不满的反应

图 2-6 并列的行动假设

值得一提的是,2.3 节未对农民工维权中的不行动进行分析,主要是因为该实证采用的 2010 年湖北省流动人口动态监测未提供关于不行动的数据,也因为严格意义上讲,尤其在长期,农民工"真实的不行动"是少见的。但在本节,由于数据条件允许,并列的行动假设包含集体行动、个人行动和不行动三个选择。此处的"不行动"针对短期,未违背 2.3 节关于农民工"真实的不行动"的讨论,本节对此将有详述。

如前所述，农民工的行动偏好将部分依赖于其个人特征和所处情境。其中，①常用的个人特征变量包括年龄、性别和受教育程度。由于对个人特征影响的分析并非本节主题，而且自变量过多会增加共线性风险和模型解释上的困难，本节将不尝试引入更多的个人特征变量。②情境变量则包括劳动报酬不合理、拖欠工资、作业环境恶劣、超时加班和工伤，基本囊括了农民工面对权益侵害的典型事实。由于数据局限，我们无法比较更多的情境，但已有的这些代表性情境数据已足够说明本节关心的主要问题。③与此同时，情境对个人特征不同的农民工维权行动的作用，将受到农民工所在单位和农民工个体之间关系的影响，这一点容易理解。但关系抽象而多变，在没有为此特意设计量表数据的情况下，一个用于粗略判断的直接指标可以是，该单位是否是受访农民工的家庭企业或者家族企业。如果是这样的情况，那么当面临权益侵害，农民工也许会表现出更多的不行动倾向或者更温和的行动倾向。④情境对个人特征不同的农民工维权行动的作用，也许还会受到农民工和企业之间合同情况的影响，有争论认为合同也是一种"关系"。但事实上，也许正是合同本身的不完全及相当一部分合同的流于形式使农民工维权困难，而农民工不能根据劳动合同本身的条款以正规途径维护权益，构成了本节和本节所使用的调查问卷相关问题的默认背景。故而本节不尝试将合同变量引入模型。

综上，本节的理论模型构建如下：

$$S = S(P, C, R) \tag{2-1}$$

式中，S 为农民工的维权行动，包括不行动（inaction，IN）、个人行动（individual action，IA）和集体行动（collective action，CA）三个并列选择；P 为农民工的个人特征，此处仅包括其年龄、受教育程度和性别三个基本维度；C 为农民工维权行动发生的情境；R 为农民工和所在单位的关系，此处特指该单位是否是农民工的家庭企业或者家族企业。考虑到本节所使用的数据结构，当控制住 R_i，分别以不同情境 C_j 下的行动 S_{ij} 对个人特征 P_i 回归，将清晰地看到情境对个人特征不同的农民工维权行动偏好的影响。

本节使用的数据来自中山大学社会科学调查中心开展的"2011 中国劳动力动态调查"。该调查聚焦中国劳动力的现状与变迁，内容涵盖教育、工作、迁移、健康、社会参与、经济活动、基层组织等众多研究议题，调查对象为样本家庭户中的全部劳动力（年龄 15～64 岁的家庭成员），采用多阶段、多层次与劳动力规模成比例的概率抽样方法。2011 年，该项目以广东省为范围开展了试调查，调查涉及 8 个区县的 32 个村居，获取有效问卷 2466 份，其中社区问卷 32 份，家庭问卷 799 份，劳动力个体问卷 1635 份。在劳动力个体数据中，样本年龄的均值为 44.21，标准差为 13.793；女性样本 832 个，占 50.9%；农业户口样本 1120 个，占 68.5%。

该调查中，本节情境变量和行动变量的数据信息来自问题"假如您遇到下列情况，您会采取行动吗"。这里的情况分类对应如前所述五种情境，即劳动报酬不合理、拖欠工资、作业环境恶劣、超时加班和工伤。各情境下样本的行动数据由"您会采取行动吗"和"您会通过什么渠道去解决问题"给出。基于前述的并列行动假设，我们将回答中的"不会"（行动）和"辞职"视为不行动；将"个人与本单位协商解决""找工会解决""找法院解决""找媒体曝光""个体抗争""找劳动争议调解委员会""找劳动争议仲裁委员会""找其他组织或社会团体"视为个人行动；将"集体与本单位协商解决""加入别人组织的集体抗争""组织集体抗争"视为集体行动。这种分类没有区别行动是温和还是激进，也没有在个人行动中区别是否存在外部介入，但不影响本节打算分析的主要问题。

至于将"辞职"视为不行动，以工伤情境为例，如果受访者在被问到"您会采取行动吗"时回答"会"，但在被继续问到"您会通过什么渠道去解决问题"时回答"辞职"，表明受访者实际上根本没有打算对假设已经发生的工伤采取任何方法进行解决。此处看似行动的辞职，真实效果等同于不行动。其他情境如果仔细分析也一样。这也从侧面为并列的行动假设提供了一定依据，因为在当前的数据条件和行动分类下，辨明样本真实的选择次序是存在困难的，当然，这同时也为本章上一节的论证所支持。

因变量和自变量的数据描述见表2-3。其中，农民工的定义为农业户口雇员，经数据清理，有效样本为345个。受教育程度在义务教育阶段超过常见学制年限的，以常见学制年限统计受教育程度。考虑到年龄和受教育程度的影响可能不是线性的，我们尝试引入其平方项，但模型的效果反而变差。此外，按年龄段和按小学、初中、高中等分组设置虚拟变量的效果也一样，还额外损失了信息。有鉴于此，并考虑到本节分析的主要目标，我们舍弃了这些做法。

表2-3 变量描述：个人特征、情境与维权行动

变量	含义	注释	均值	标准差	类别比例
S_C1	劳动报酬不合理情境下的行动	1＝不行动	1.70	0.675	42.3%
		2＝个人行动			45.5%
		3＝集体行动			12.2%
S_C2	拖欠工资情境下的行动	1＝不行动	1.83	0.643	30.4%
		2＝个人行动			55.9%
		3＝集体行动			13.6%
S_C3	作业环境恶劣情境下的行动	1＝不行动	1.60	0.679	51.0%
		2＝个人行动			38.0%
		3＝集体行动			11.0%

续表

变量	含义	注释	均值	标准差	类别比例
S_C4	超时加班情境下的行动	1 = 不行动	1.60	0.653	49.3%
		2 = 个人行动			41.4%
		3 = 集体行动			9.3%
S_C5	工伤情境下的行动	1 = 不行动	1.79	0.596	30.7%
		2 = 个人行动			60.0%
		3 = 集体行动			9.3%
R	是否为家庭企业或者家族企业工作	1 = 是	1.92	0.264	7.5%
		2 = 否			92.5%
Age	年龄	岁	36.98	11.883	—
Edu	受教育程度	年	9.15	3.654	—
Gender	性别	1 = 男	1.48	0.500	52.5%
		2 = 女			47.5%

注：$n = 345$，部分数据因计算时四舍五入合计不为100%

表 2-3 中，从因变量的数据描述里即可读出农民工维权的基本情况——不行动的较高比例让人瞩目。值得一提的是，人们的意愿和行为可能有差别，本节舍弃行为而以意愿作为模型的因变量，主要是考虑到相关数据的质量。由于观察手段的局限，行为研究往往是困难的，其数据的准确程度在任何时候都应予以慎重考虑。以在我国通常被称为群体性事件的集体行动为例，受访者即使曾经合理合法地参与，也不一定会在受访时如实陈述，尤其当调查是在有雇主监督的地方进行时，这容易理解。采用行为数据，不行动的比例将更高，这甚至使回归本身难以进行。与此同时，比起已经发生的事实，我们更感兴趣和更有能力分析的也通常是那些尚未发生的：人们已知的行为也许和很多复杂的现实因素有关，而人们的意愿及其表达虽然往往也经权衡，但相对单纯。

回归结果见表 2-4。似然比卡方检验的 p 值分别为 0.000、0.011、0.009、0.026、0.020，说明模型整体都是显著的。另外，模型 1 即劳动报酬不合理情境下，年龄和受教育程度分别以 $p = 0.022$ 和 $p = 0.046$ 通过了似然比检验；模型 2 即拖欠工资情境下，年龄以 $p = 0.011$ 通过了似然比检验；模型 3 即作业环境恶劣情境下，性别以 $p = 0.072$ 通过了似然比检验；模型 4 即超时加班情境下，年龄和是否为家庭企业或者家族企业工作分别以 $p = 0.066$ 和 $p = 0.060$ 通过了似然比检验；模型 5 即工伤情境下，年龄以 $p = 0.044$ 通过了似然比检验。

表 2-4 不同情境下的农民工维权行动

项目		模型 1 劳动报酬不合理 (C1)			模型 2 拖欠工资 (C2)			模型 3 作业环境恶劣 (C3)			模型 4 超时加班 (C4)			模型 5 工伤 (C5)		
		系数	标准误	优势比	系数	标准误	优势比	系数	标准误	优势比	系数	标准误	优势比	系数	标准误	优势比
个人行动 (IA)	截距	0.780	0.745		1.571**	0.781		-0.070	0.733		1.029	0.724		1.637**	0.765	
	Age	-0.034***	0.013	0.966	-0.031**	0.013	0.970	-0.016	0.012	0.984	-0.028**	0.012	0.972	-0.028**	0.013	0.972
	Edu	0.074*	0.042	1.077	0.038	0.044	1.039	0.061	0.040	1.063	0.004	0.040	1.004	0.033	0.043	1.034
	[gender = 1]	-0.194	0.248	0.823	-0.218	0.258	0.804	-0.289	0.243	0.749	-0.236	0.239	0.790	-0.302	0.255	0.739
	[R = 1]	0.126	0.440	1.134	-0.215	0.457	0.806	-0.318	0.447	0.728	-0.971**	0.474	0.379	-0.280	0.455	0.756
集体行动 (CA)	截距	-1.566	1.138		1.175	1.119		-0.176	1.141		-1.350	1.234		0.298	1.285	
	Age	-0.020	0.019	0.981	-0.051***	0.019	0.950	-0.032	0.020	0.968	-0.017	0.021	0.983	-0.041*	0.023	0.960
	Edu	0.139**	0.061	1.149	0.007	0.062	1.007	0.031	0.062	1.031	0.067	0.065	1.069	0.046	0.069	1.047
	[gender = 1]	-0.332	0.369	0.718	-0.159	0.369	0.853	-0.838**	0.382	0.433	-0.431	0.401	0.650	-0.733*	0.426	0.480
	[R = 1]	-1.133	1.073	0.322	-0.967	0.822	0.380	-1.462	1.063	0.232	-1.320	1.059	0.267	-0.483	0.833	0.617

*表示 $p<0.1$，**表示 $p<0.05$，***表示 $p<0.01$

注：结果为多分类 Logistic 回归分析，$n=345$；行动 S 的参考类别为"不行动"(IN)

具体而言，回归结果显示：模型 1 中，劳动报酬不合理情境下，年龄越大的样本越不倾向于个人行动而非不行动（OR = 0.966，$p<0.01$），受教育程度越高的样本越倾向于个人行动和集体行动而非不行动（OR = 1.077，$p<0.1$；OR = 1.149，$p<0.05$）；模型 2 中，拖欠工资情境下，年龄越大的样本越不倾向于个人行动和集体行动而非不行动（OR = 0.970，$p<0.05$；OR = 0.950，$p<0.01$）；模型 3 即作业环境恶劣情境下，性别为男的样本比性别为女的样本更不倾向于集体行动而非不行动（OR = 0.433，$p<0.05$）；模型 4 中，超时加班情境下，年龄越大的样本越不倾向于个人行动而非不行动（OR = 0.972，$p<0.05$），为家庭企业或者家族企业工作的样本比不为家庭企业或者家族企业工作的样本更不倾向于个人行动而非不行动（OR = 0.379，$p<0.05$）；模型 5 中，工伤情境下，年龄越大的样本越不倾向于个人行动和集体行动而非不行动（OR = 0.972，$p<0.05$；OR = 0.960，$p<0.1$），另外，性别为男的样本比性别为女的样本更不倾向于集体行动而非不行动（OR = 0.480，$p<0.1$），但该项没有通过似然比检验。

上述回归结果意味着，首先，随着年龄的增长，农民工的维权积极性通常会降低，但作业环境恶劣情境例外，此时年老和年轻农民工的反应没有显著差别。对此，一个看起来合理的解释是，我国劳动力市场二元分割，绝大多数农民工囿于次属劳动力市场，而作业环境恶劣往往是次属劳动力市场的特征。如果多数情境下，农民工年龄越轻，维权积极性通常会越高的话，那么该项与众不同的回归结果则可能显示，即使农民工中的年轻人也普遍了解作业环境恶劣这一情境和其他情境相比的特殊性：这是他们身处的次属劳动力市场的固有特征，是在短中期内无法人为改变的状况。这样的认识令他们和年老农民工一样，在这种情境下显示了一致的行动偏好。

年龄项的不显著反映了作业环境恶劣这一情境的特殊性。可以看到其他项在该情境下对农民工维权行动的影响也不显著，理由或可类比年龄项。唯一例外的是性别项，性别不同的农民工在大多数情境下的反应并没有显著差别，作业环境恶劣的情境例外，此时女性农民工对采取集体行动更积极。一个可能的解释是，女性农民工由于体质原因和对生育的考虑，对工作环境的关注和要求往往比男性农民工高，作业环境恶劣对她们而言影响更大，这也许促使她们在该方面更积极地维权而非不行动，但女性相比男性的弱势及作业环境恶劣这一情景作为次属劳动力市场固有特征的特殊性，又让她们只能更偏好借助集体力量而非采取个人行动维权。性别项在该情景下的显著，反映了个人特征和情景的特殊性共同影响了农民工的维权行动。

与之类似，受教育程度提高，农民工的维权积极性也会增加，但这只发生在劳动报酬不合理的情境下，其他情境下，受教育程度不同的农民工的反应没有显著差别。为寻找解释，考虑劳动报酬不合理这一情境的特殊性并参考相对剥夺理论。一个较为合理的假设是，受教育程度高的农民工参照身边受教育程度相似的农民工的状况以形成相对剥夺感。相比其他情境，劳动报酬合理与否涉及农民工自身更加主观的判断，并且现实中，劳动报酬的多少往往和劳动者的受教育程度高低有所联系。当观察到身边受教育程度相似的其他农民工获得的报酬更高，农民工也许不会全面考虑控制其他条件相同再进行比较，而往往由于相对剥夺感的形成直接得出自身所获劳动报酬不合理的判断。诸如拖欠工资、作业环境恶劣、超时加班和工伤等，则通常是次属劳动力市场中大多数受教育程度相似的农民工习以为常面对的情境，也许并不贡献于他们相对剥夺感的形成。换句话说，对受教育程度高的农民工，劳动报酬不合理可能是较易获得关注的、性质较为严重的权益侵害情境，从而更易激发他们的维权行动。

同样地，是否为家庭企业或者家族企业工作在大多数情境下不影响农民工的维权行动偏好，超时加班的情境例外，此时为家庭企业或者家族企业工作的农民工更倾向于不行动。这可能是因为，相比其他情境，超时加班并不是次属劳动力市场中性质特别严重的问题，并且为和自己具有某种共同利益关系的企业超时加班也往往更多地出于自愿——此处，和企业具有某种共同利益关系也让劳动者的权益计算本身更加复杂，被侵害的权益可能得到某种其他形式的补偿，或者可看作另一种形式的维权。总之，这也表明了个人特征和情景的特殊性共同影响了农民工的维权行动偏好。

和以往不分情境的许多研究相比，上述结论的得出多少带有颠覆意味。以年龄的影响为例，多数研究认为年龄越小，农民工维权的积极性越高。这主要是年轻一代农民工和年老一代农民工出生与成长于不同的时代背景从而导致不同的个人特征（蔡禾等，2009；郑卫东，2014）。但本节的分析显示，该结论也许并不具有普适性，年轻和年老农民工的维权积极性可能在遭遇特定情境时没有差别。性别、受教育程度等的作用也一样，在不同的情境下，这些个人特征对农民工维权的影响可能是不同的。倘若在问卷设计和后续研究中对具体情境不设法加以区分，得出的结论可能是不适当的。

除此以外，上述分析还提示了以往研究对农民工维权在认识上的一些误区。首先，从表2-3中可以清晰地看到，所有情境下，集体行动的占比都不超过15%，这意味着集体行动由于其影响备受政府和学界的关注，然而即使就农民工的行动倾向而非实际行动而言，该行动也通常不是大多数农民工的首选。

在此，具体分析农民工表示不行动的原因。由于数据的系统缺失，表2-5仅列出345个样本中有关该问题的有效数据。从表2-5可以发现，在所有情境下，样本表示不采取维权行动的首要原因都是"反正也没有用"，原因"问题不严重"位居第二。从表2-5还可以直接发现各情境对样本而言的差别，如劳动报酬不合理被为数最多的人（64.2%）认为采取维权行动"反正也没有用"，同时被为数较多的人（18.7%）认为"问题不严重"；超时加班被为数最多的人（47.3%）认为采取维权行动"反正也没有用"，同时被为数较多的人（33.9%）认为"问题不严重"。这一方面说明将各种情景笼统分析可能是不适合的，另一方面也揭示了农民工偏好不行动的真相。很多时候，农民工至少会权衡情境的严重性和相应情境下行动的有效性以做出决策。其中，情境严重但该情境下行动无效的情况促使人们不行动，但可能终将导致矛盾在压抑中激化；某情境下行动有效但该情境不严重的情况同样促使人们不行动，但这有可能是因为人们对该情境习以为常而低估了其严重性，如超时加班。另外，我们无法想象即使工伤情境下也有样本选择不行动，并对不行动的原因做出有别于"问题不严重"的其他阐述——这相当于控制了该项，假定"问题严重"。那么，即使"问题严重"，样本也仍然选择不行动，这可能是样本严重低估了该情境下行动有效性的结果。

表 2-5 农民工不采取维权行动的原因

项目	劳动报酬不合理（C1）		拖欠工资（C2）		作业环境恶劣（C3）		超时加班（C4）		工伤（C5）	
	频率	百分比	频率	百分比	频率	百分比	频率	百分比	频率	百分比
不知道可以采取行动	3	2.2%	1	1.0%	3	1.9%	2	1.2%	1	1.0%
不知道找谁	5	3.7%	6	6.1%	4	2.6%	3	1.8%	4	4.0%
怕被报复	2	1.5%	2	2.0%	2	1.3%	3	1.8%	3	3.0%
反正也没有用	86	64.2%	56	57.1%	82	52.9%	78	47.3%	53	53.0%
问题不严重	25	18.7%	21	21.4%	49	31.6%	56	33.9%	20	20.0%
其他	13	9.7%	12	12.2%	15	9.7%	23	13.9%	19	19.0%
合计	134	100.0%	98	100.0%	155	100.0%	165	100.0%	100	100.0%

注：$n=345$，部分数据因计算时四舍五入合计不为100%

从这一分析亦可以得出特定情境究竟如何作用于个人特征不同的农民工维权。如上所述，情境的特殊性可以从两方面理解：一方面，人们会对该情境本身侵害权益的严重性进行评估；另一方面，人们会对该情境下维权行动的有效性进行评估。不同个人特征的农民工在不同情境下对这两个问题的主观判断不同，导致了他们不同的维权行动偏好。前述回归结果中，对年龄、性别、受教育程度等项的分析莫不暗含此逻辑。

农民工维权现今正受到政府和学界的广泛关注，对农民工维权渠道的研究则是学界近年在该领域的热点方向。学者们大多已注意到农民工的维权既受内因影响又受外因作用，然而，近年的相关实证依然更多地侧重于内因研究，这或许是因为作为解释变量，个人特征相对于外部环境更容易测度和量化。诸外因之中，情境的作用在以往文献里被偶尔提及，但由于缺乏足够的实证，其对农民工维权影响的理论阐释依然是模糊和初级的，又由于这一理论的欠缺，相关实证文章往往忽略了对情境的区分，从而可能得出有偏差的结论。面对这些遗憾，本节讨论了不同情境下农民工的维权行动偏好，强调了农民工的维权行动偏好不仅和其个人特征有关，还和其所面临的权益侵害情境有关。不同情境下，个人特征不同的农民工行动的偏好可能不同，笼统分析所有情境进而得出结论也许是不适合的，从这样一些结论推导出的建议更可能会误导我们的实际工作。

另外，本节的分析还表明，所有情境下，大多数农民工并不热衷于集体行动，并且，当遭遇权益侵害，他们往往更偏好不行动。这可能是因为他们觉得该情境下的权益侵害不严重，也可能是由于他们认为该情境下的维权行动缺乏有效性。与此同时，若将"辞职"亦视为不行动，从这个意义上讲，农民工对不行动的特别偏好就部分解释了他们在现实中的高流动性。这不仅体现在其工作职业的流动上，还体现在其空间地域的流动上，由此或许一直和我国近年的民工荒有关——限于技术和成本，"机器替代人"远水不解近渴，短中期内，我国的民工荒问题似乎无解，这更有理由让我们审视问题的源头所在。

再者，无论权益侵害不严重还是维权行动缺乏有效性，都有可能是缘于农民工对该情境在相应方面主观上的错误估计，而由此导致的不行动将造成矛盾被掩盖，从长远看不利于劳资关系领域的和谐。为此，建议加强《劳动合同法》的普法宣传，让农民工懂法，在了解权益、辨明权益侵害及其严重性的基础上，更好地维护自身权益；建议完善现有的农民工维权的制度化途径，让农民工维权采取制度化途径更有效，让非制度化途径经农民工的自我选择逐步退出；建议对农民工维权非政府组织等予以支持，以补充现阶段制度化途径的不足，合力引导农民工主动维权及维权行动的合法。

2.5 本章小结

事实上，内外因结合的分析原则是普适性的，如本章重点考虑的身份认同、不公乃至 2.4 节提及的年龄、性别、受教育程度等个人特征，这些内在因素固然影响农民工的维权，但外因的作用也不可忽略，而这或许意味着农民工维权的相机抉择本质。总而言之，人们维权时，在各种行动上具有确定的偏好顺序是难以想象的，他们通常会根据外部环境，机动地决定是否应该采取行动及选择采取哪种行动。进一步，如果外部环境是改变的，他们的维权行动也就会是动态的，个人行动、集体行动、退出行动和不行动之间是可以切换的，甚至在这一过程中，他们会策略性地形成某种行动组合以更好地维权。从这个意义上讲，"真实的不行动"不仅少见，而且几乎可被视为瞬态。

本章的主要观点是，面对权益侵害，农民工通常采取的应对方式包括集体行动、个人行动和退出行动等，即使这些行动看起来有积极主动和消极被动之分，但无一不是农民工有效的维权手段。退出行动是较为特殊的一类，其原因如果不是为威胁雇主解决具体权益侵害问题，那么就可能旨在避免继续的权益侵害。其中，滞后的退出常被误解为无奈被动容忍，但无奈被动容忍由于农民工群体的高流动性而实际上少见，或者严格说来，"真实的不行动"往往只发生在较短的时间范围。与此同时，三种维权行动之间的替代关系被部分地证实，但人们在各种行动上也许不存在确定的偏好顺序。当经济回报公平与否成为首要考虑的问题，任何一种情况下，人们的选择都只在个人行动和退出行动之间进行，而不涉及集体行动，更详细地，当认为经济回报不合理，人们可能直接选择退出，而当认为经济回报合理，关于维护权益或争取相对更多权益的个人行动才会受到青睐。但事情还和人们对自身农民工身份的认同有关，越认同农民工身份，越认为农民工群体和城镇市民群体的边界难以逾越，当面临权益侵害，人们就越不积极于主动维权，转而以退出这种看起来消极被动的方式去避免权益进一步受到侵害。特别地，在这一过程中，不公平感会给认同对退出行动的激发有推波助澜的作用。然而，农民工的维权还取决于如情境等外因作用，本质上是一种相机抉择。

在农民工的权益维护诸行动之中，退出固然温和，却并非无害。劳动力作为重要的生产要素，其合理流动能促进资源的优化配置，提高生产效率和社会福利水平，然而流动性过高也会带来许多负面问题。农民工的高流动性已经造成了多年以来困扰我国的"民工荒"问题，即使从长期看，智能制造的发展终会从需求方面让持续多年的"民工荒"有所缓解，但短中期内，我国东、中、西部城镇地区的发展尤其这些地方中小规模民营经济的发展，依然离不开一支数量稳定和素质逐步提高的农民工队伍。再从农民工自身来看，高流动性也带来了一系列问题，如留守儿童和脆弱婚姻，还导致了他们职业发展中人力资本积累的困难，这将不仅影响到他们劳动的经济回报，还导致了其上升通道的不可及，从而其负面影响更加深远。积极协助农民工维权，适当降低其高流动性是有必要的。

依靠个人行动维权的弊端也值得探讨。应当注意到，农民工的个人行动维权在很多时候都不是运用正式制度，而是依靠个人和企业之间的私下关系：如果关系好，则维权容易成功，或者更容易得到权益；如果关系坏，则维权不容易成功，或者不容易得到权益。权益在这里并不是一个由法律界定的身为劳动者所拥有的权利，而是一种需要依靠劳动者运用"关系"而争取到的东西，这毫无疑问不是正常现象。因此，不断完善《劳动合同法》，督促其落地和普及也是当务之急。

对政府和社会而言,在农民工的维权诸方式之中,被称为群体性事件的集体行动可能最受关注。社会稳定是我国经济发展的保证,但公平正义也是我国经济社会发展所不可缺少的。对农民工而言,当面对权益侵害,如果换工作艰难或者不愿意换工作,但又没有有力的相关正式制度和足够的关系资本可以利用,那么除了留在原地默默忍耐,他们参与集体行动以维权就可以理解。这种情况下,政府在努力改善制度环境的同时,应积极引导农民工维权,使他们的维权尽量转到依靠正式制度上去。

但引导和协助农民工维权并不能治本,《劳动合同法》的不断完善和落地普及也只是治本的一部分。如果本书前述对认同和不公作用的讨论成立,农民工作为一个群体的弱势地位是首先需要转变的。其次,随着时代的进步和社会的发展,当年轻一代农民工越来越多地成为农民工队伍的主力,经济回报的公平也许就不再是最重要的,为农民工创造程序公平的环境可能越来越重要和紧迫。而这一切都不仅依赖于《劳动合同法》的不断完善和落地普及,还需要许多辅助和配套的措施,如整个社会对农民工群体偏见的改变,以及农民工自身综合素质和能力的提高等。

第 3 章 同期群效应下的农民工集体行动演变

3.1 集体行动模型的演进：动态模型和个人-集体综合模型

3.1.1 包含规范和非规范集体行动的动态模型

在集体行动的社会认同模型提出且逐渐被广泛接受和运用的同时，部分学者开始了对集体行动动态视角的分析（Reicher，1996；Stott and Reicher，1998；Drury and Reicher，2005；Stott et al.，2007）。

过去的集体行动研究，情绪往往被描述成人们对群际不公感知的结果。但也有研究者认为，将情绪视为行动的前因可以对集体行动提供更详细的解释（Wright，2009）。例如，Tausch 等（2011）研究指出，不公的评价会引起愤怒和轻视。其中，愤怒与规范行动正相关，与非规范行动负相关；轻视则与非规范行动正相关，与规范行动负相关。鉴于集体行动的参与可以给人们带来正面和负面情绪，Becker 等（2011）将情绪分为自我导向的情绪（self-directed emotion）和外群体导向的情绪（outgroup-directed emotion）。研究者还参考了在体育和教育领域广泛使用的成就情绪（achievement emotions）概念，用以检验参与集体行动给人们带来的成功自豪感和挫败愤怒感这两种情绪的激励作用（Becker et al.，2013）。对这些情绪的分析结果表明，由参与一次集体行动所带来的情绪对参与者继续参与下一次行动的意愿可能存在影响。Becker 和 Tausch（2015）梳理和总结了上述理论，并将其与社会认同的集体行动模型进行整合，提出了包含规范和非规范集体行动的动态模型，如图 3-1 所示。这一模型相较于集体行动的社会认同模型在以下三个方面有了改进。

第一，集体行动的社会认同模型和由该模型衍生的一些模型指出，高水平的群体效能感和由不公产生的愤怒会引起人们参与集体行动。包含规范和非规范集体行动的动态模型则进一步提出，在某些特定情况下，受不同的情绪和效能感驱使，人们或许将更倾向于采取非规范行动而不是规范行动（Tausch et al.，2011）。

第二，不同于集体行动的社会认同模型，包含规范和非规范集体行动的动态模型强调了集体行动的障碍。其一，劣势群体的成员在处理消极的社会认同上可

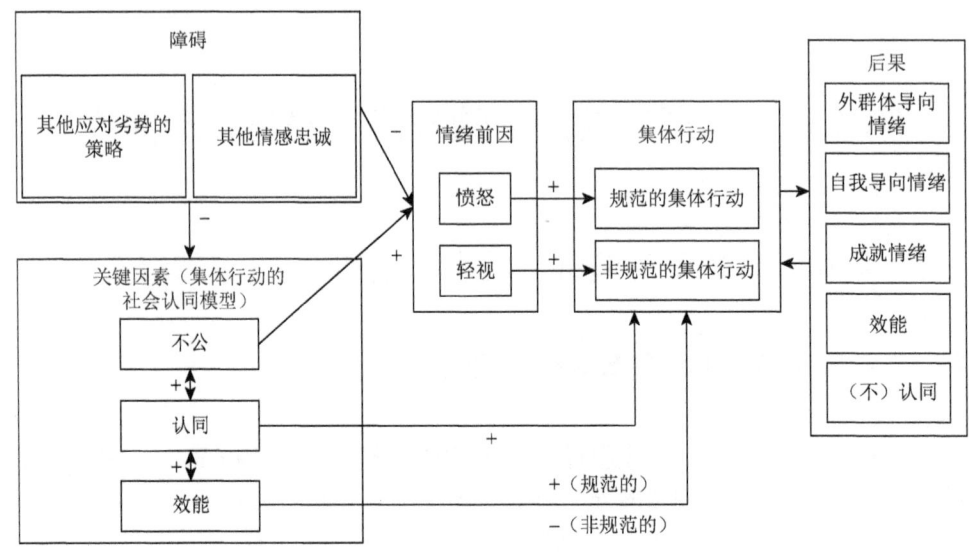

图 3-1 包含规范和非规范集体行动的动态模型

能存在另外的认同管理策略。众所周知,个体的向上流动会抑制群体成员对社会变革的兴趣(Ellemers,2001;Wright,2001),但除此以外,当特定的群体间比较发生时,由于相对剥夺感的降低,劣势群体成员也可能失去对关乎社会变革的集体行动的兴趣(Becker and Tausch,2015)。其二,群体间的接触可能会抑制弱势群体的集体行动(Dixon et al.,2012),在这一点上,"沟通"可能非常重要,当接触者能清楚描述群体间不平等的非法性时,群体间的接触或许就不具破坏功能了(Becker et al.,2013)。

第三,虽然集体行动的社会认同模型在改进中加入了反馈循环(van Zomeren et al.,2012),但包含规范和非规范集体行动的动态模型对这一问题关注更多(van Zomeren et al.,2010)。尤其,包含规范和非规范集体行动的动态模型补充了集体行动的后果部分,提出参与集体行动会影响人们的情绪、效能感和认同(Becker et al.,2011;Tausch and Becker,2013;Tausch et al.,2011)。这进一步为集体行动的动态视角研究提供了新的见解(Drury and Reicher,2000;van Zomeren et al.,2010)。

3.1.2 集体行动的个人-集体综合模型

包含规范和非规范集体行动的动态模型将集体行动划分为规范的行动和非规范的行动,在这一划分的基础上考察了人们的集体行动对其心理前因的反馈,且分析了哪些因素会让人们对参与集体行动失去兴趣,以及这些因素的影响如何克服(Becker and Tausch,2015)。这极大地提升了集体行动社会认同模型的动态性,但由于包含规范和非规范集体行动的动态模型同样根源于将集体行动和个人行动相区分的社会认同理论,从一开始就把个人因素对集体行动的解释排除了(van Zomeren,2014)。这虽然有利于模型的简化,但从严格意义上讲,和实际相去甚远。

人的本质是一切社会关系的总和,个体与群体是相对的概念,既不存在没有个体的群体,也不存在完全脱离群体的个体。van Zomeren 等(2012)在用于解释集体行动的动态双路径模型(dynamic dual pathway model,DDPM)中提出,个人对事件的第一评价对其决定是否参与到集体行动中去起着重要作用:如果对群体可以达成高度认同,人们会将自己归类为群体成员,积极参与行动;如果对群体的认同不足以将自己归类为群体成员,那么理性的成本-收益分析开始起作用,只有那些认为可以成功"搭便车"(Olson,1971)的人才会参与行动。此外,社会认同理论衍生出的自我归类理论(self-categorization theory,SCT)也表明,独立的个人将自己归类为群体成员是集体行动的基础环节(Becker,2012)。综上所述,有证据表明,个人因素对是否参与集体行动的决策至关重要。本书尝试从价值取向、性格和自发性等方面,初步探讨个人因素对人们集体行动产生的影响。

(1)从价值取向方面进行分析。首先,如果人们认为世界是公平的,这意味着他们往往对群体间的制度性歧视不敏感,也意味着即使他们在某种程度上察觉到了不公平,他们通常也相信转机会在未来自动出现,并对当前有所补偿。持有这种价值取向的人一般对抗议不感兴趣,因为他们相信公平的世界最终会使一切变好(Stroebe,2013)。其次,如果人们认为群体间的界限是可以跨越的,自己有可能进入优势群体,持有这种价值取向的人往往更倾向于采取向上流动的个人努力以改善现状,而非采取集体行动(Ellemers,2001)。再次,群体成员可能在价值取向上存在分歧,不符合大多数成员价值取向的集体行动往往难以被倡导(Becker et al.,2011),以非规范行动为例,如果人们认为所在群体的非规范行动会破坏其重视的群体外部印象,即使能极大改善群体的现状,他们通常也不会参与到这些非规范行动中去(Jiménez-Moya et al.,2015)。最后,共同的价值取向还可以使不同群体的人走到一起——这被称为"基于观点的群体"(opinion-based group)——从而采取共同的行动(Mcgarty et al.,2009)。

(2)从性格方面进行分析。人们的性格是多方面的,从众和独立是与集体行动相关的性格之一,二者往往同时共存。一方面,从众是人类的基本倾向,表现为特定条件下,人们保持自己的判断或决策和大部分人一致(Asch,1953)。Drury 和 Reicher(2000)的一项研究表明,当受到外群体不加区分的对待,原本不属于同一群体的人会逐渐自我归类到同一群体,而在这一过程中,从众往往会推动认同的形成和效能感的强化,最终导致集体行动。另一方面,Klandermans 和 van Stekelenburg（2014）指出,动力缺乏（lacking motivation）和不支持的环境（unsupportive environment）能充分解释人们的集体行动不参与,无论环境如何,总有人出于动力原因做出有别于环境的选择,如支持集体行动环境下的不参与,以及不支持集体行动环境下的参与,而这通常直观地表现为个人的与众不同。

（3）从自发性方面进行分析。相比群体视角下集体行动的组织性,个人视角下集体行动的自发性较少受到学界关注。研究者即使承认集体行动的某个阶段和人们的自发性有关,但也很少将自发性作为集体行动的一个前因乃至认为它会同集体行动及其他和集体行动相关的因素发生反馈。在这一点上,Snow 和 Moss（2014）的研究做出了一定贡献,文章指出,当突发事件出现时,少数人的情绪被激化进而做出某种行为,这会很快影响到那些原本处于摇摆不定状态的人,此时由于没有等级组织,人们不需要经过烦琐的过程就会迅速自发地聚集到一起,致使集体行动成为可能。

通过上述分析可以看到,诸如此类的个人因素对集体行动的影响是多方位的,也许贯穿了集体行动的全部环节和过程。本书提出的集体行动的个人-集体综合模型见图3-2。

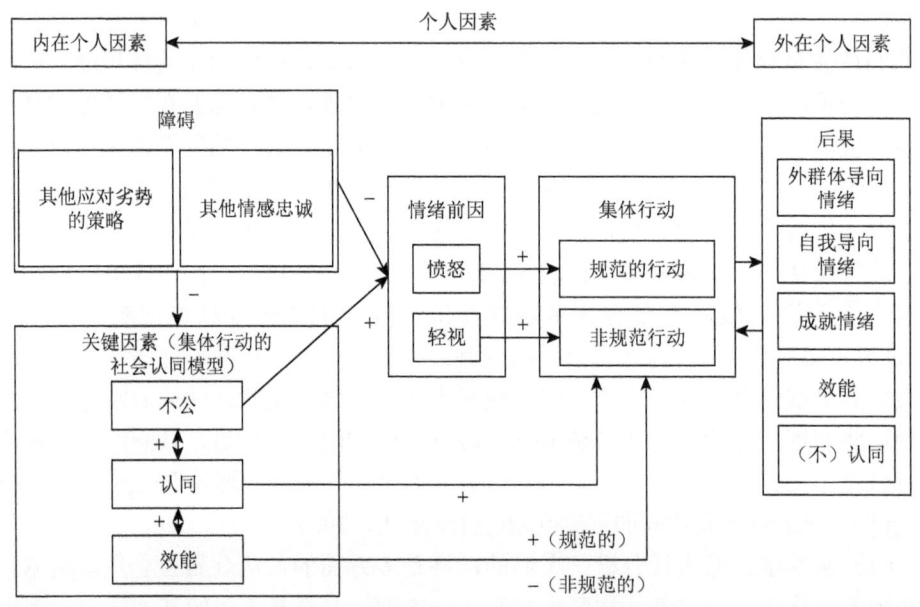

图3-2 集体行动的个人-集体综合模型

图 3-2 中的模型在很多方面都是抽象的。首先，个人因素仅被处理为一个"黑箱"，模型既没有对其进行分类，更没有研究不同个人因素之间的相互影响，而这种相互影响在很多时候显然是事实，如前述 Drury 和 Reicher（2000）的研究就隐含了从众与价值取向的关系。究其原因，困难的是，不仅确认这样的相互影响需要大量的事实乃至数据作为依据，并且，考虑到除了价值取向、性格、自发性外，与人们集体行动有着千丝万缕关联的个人因素不胜枚举，我们既无法将所有的这种潜在关系全部列出，也无法在缺少事实和数据的情况下，仅凭经验和直觉选择出其中"最重要的"，并逐一给出证实或证伪。另外，该模型也没有讨论个人因素对模型中其他各因素的具体作用——究其原因，既然本书并未对个人因素进行分类讨论，具体描述个人因素带来的影响就是不严谨和不可行的。综上所述，该模型只是提出，个人因素对人们集体行动的影响不可忽略，其作用可能贯穿于集体行动的所有方面和全部环节。这就是图 3-2 将个人因素设置为集体行动发生和发展的背景，而没有添加更多箭头的原因。

另外，个人因素既存在于如价值取向、性格、自发性这样的内在层面，也存在于如人们的年龄、性别、受教育程度等外在层面。当内在个人因素难以观察，和其相互联系的外在个人因素就可以成为研究的替代，并且，这些外在个人因素对集体行动的独立作用也应该被充分考虑。就这一点而言，一方面，对内在和外在个人因素的相互联系，许多文献给出了参考：王重鸣和陆兴海（1997）发现，不同年龄段和不同地区青少年的集体-个体价值取向差异显著；金盛华和刘蓓（2005）提出，性别、年龄、居住地和教育水平对当代中国工人某些方面的价值取向有显著影响；张锋等（2000）的研究表明，性格发展具有年龄模式，某些性格特质可能随年龄的增长呈现一定的发展趋势；除此以外，平均意义上讲，男性和女性的性格也存在差异。另一方面，外在个人因素对集体行动或许也存在独立的作用，不少文献对此给出了解释：Nagao 和 Davis（1980）指出，性别会影响群体成员的选择偏好；何贵兵和张平（2004）提出，除个人主义和集体主义的价值取向外，成员地位、专长知识分布等个体特征因素也对群体的决策有显著影响。

总而言之，资料的缺乏导致图 3-2 中的模型细化和完善较为困难，加之价值取向、性格、自发性这样的内在个人因素难以观察，因此我们更倾向于使用和这些内在个人因素相关联的外在个人因素替代它们，用以对图 3-2 中模型所反映的个人因素的"背景"作用进行更加详细的研究。另外，正如本书第 2 章所提出的，情境对人们集体行动的影响不应被忽略，本章将在以下的内容说明，对个人因素的分析也在人们的集体行动研究中不可或缺。究其原因，情境是外因的直接代表，个人因素则是内因的直接体现，而内外因结合的分析原则在多学科领域都是具有普适性的。

3.2 异质的个人特征和行为决策：第二代农民工及其集体行动的不同

如本书在第1章中所述，由于成长环境不同，我国改革开放以后出生的第二代农民工和第一代农民工在个人特征上有不少差异，这已为很多文献证实。个人特征不同，在面对权益维护的集体行动时，两代农民工也往往表现出不同的态度和行为，第二代农民工比第一代农民工对参与集体行动更积极也属学界主流观点。但实际上，对此也有不同观点。银锋（2014）基于2013年对佛山高新技术产业开发区3200名农民工的问卷调查数据和实地结构访谈资料，发现第二代农民工的利益抗争行动选择发生了较大变化，表现在"体制外的利益抗争行动选择将会减少，体制内的利益抗争行动选择将会增加""体制内的劳动争议诉讼利益抗争行动选择将会减少""利益抗争行动选择将会从以劳资对抗为主转向以劳资合作为主"。

鉴于定量分析可能存在的局限——如对"代"和年龄的混淆，以及由于数据缺乏而无法针对"代"进行更科学的队列分析，3.3节将采用案例方法对集体行动的个人-集体综合模型中个人因素的影响进行讨论。但由于资料有限，我们无法在解释上穷尽该模型对包含规范和非规范集体行动的动态模型的所有改进，而只能将重点集中在最重要的和可行的研究方面。此外，从3.2.1小节开始，本章的论证逻辑如下：首先，通过统计描述和分析，从第二代农民工的个人特征中提炼出可能与集体行动最相关的个人因素；其次，通过对第二代农民工集体行动事实的分析，探讨提炼出这些个人因素和第二代农民工集体行动关系的细节；最后，根据由此提出的命题，使用具体案例对这些关系细节的成立与否进行分析。

3.2.1 第二代农民工的个人特征

本书利用收集的六城市农业转移人口调查数据对两代农民工进行统计比较，进而对第二代农民工的个人特征进行详细说明，为与集体行动最相关的个人因素的提炼提供基础。调查于2016年下半年启动，内容涵盖农业转移人口的个人和家庭、迁移和融合、工作和劳动、农地和农业等诸多议题，调查地点包括北京、上海、广州、郑州、武汉和南昌。六个调查城市均为中国农业人口转移的代表性流入/流出地城市，其范围的最终确定遵循客观性、必要性和效率性相结合的原则，综合参考了城市的重要性、城市所在区位和课题组的调查资源优势。另外，由于对农村剩余劳动力转移的彻底性和农民工市民化问题的关注，该调查在北京、上海和广州分配了更多问卷，约占全部问卷的3/5。在各调查城市内部，样本的抽选采用城区配额、样本点和调查样本随机抽样相结合的方法。其中，城区配额与各调查城市中心城区的人口规模成比例，样本点和调查样本则随机抽选自这些中心城区农业转移人口密集的用工单位和街道。

本书收集了该调查在上述六个城市完成的访谈问卷1500份，后经问卷清理、数据录入、机器校验、人工复核与补充调查，有效问卷达1409份，占全部问卷的93.9%。表3-1列出了该调查有效样本的基本情况。样本的平均年龄约为34岁，从结构上看以青壮年为主，"80后"的第二代农民工占到64.5%。其中，女性样本为41.4%，略高于《2015年农民工监测调查报告》中的33.6%（国家统计局，2016），但这与女性农民工比例近年持续增长的趋势相符。调查也显示了农民工受教育水平不断提高的趋势，大专及以上样本达到22.5%。另外，样本的个人年收入标准差较大，经计算，变异系数达到184.4%，反映了调查城市农民工群体的内部收入差距较大。与此同时，将样本的年收入均值54 685.5元换算为月收入均值4557.1元，高于《2015年农民工监测调查报告》中的农民工月均收入3072元（国家统计局，2016），这可能与该调查对城市的选择有关，如更多的北京、上海和广州样本，但也应考虑到通货膨胀因素与农民工收入逐年增长的事实。该调查在样本的其他个人特征项上均与《2015年农民工监测调查报告》（国家统计局，2016）大致相符。

表 3-1 六城市农业转移人口调查样本描述

项目		频数	类别比例	均值	标准差
年龄	36岁以上	500	35.5%	34.0	10.5
	36岁及以下	909	64.5%		
性别	男	825	58.6%	—	—
	女	584	41.4%		
受教育程度	小学及以下	195	13.8%	—	—
	初中	496	35.2%		
	高中	246	17.5%		
	中专/技校/职高	155	11.0%		
	大专	163	11.6%		
	本科及以上	154	10.9%		
年收入/元		1403	—	54 685.5	100 813.3

注：$n=1409$；年收入为受访者在2015年的个人收入，其统计描述（均值和标准差）不包括1个拒绝回答该问题的缺失样本和5个2015年的不在业样本；中专表示中等专业学校；技校表示技工学校；职高表示职业高中

从理论上讲，第二代农民工和第一代农民工在个人特征上的不同详见表3-2。本书利用六城市农业转移人口调查的数据对这几个方面展开了论述，由此既可以

检验理论是否成立，也可以得到关于这些方面的发展趋势，用于更新和补充现有的理论。

表 3-2　第一代农民工与第二代农民工的个人特征

个人特征		第一代农民工	第二代农民工
成长的外部环境	社会环境	改革开放前	改革开放后
	家庭环境	多子女家庭	独生子女或两孩家庭
个人特征	年龄层次	出生于1980年之前	出生于1980年之后
	文化程度	小学和初中文化为主	初中及以上文化为主
	婚姻状况	大部分已婚	大部分未婚
	人格特征	吃苦耐劳特征较强	吃苦耐劳特征较弱
就业情况	就业的主要目的	为家庭，求生存为主	为自己，追求生活质量
	工作期望	能拿到比种田多的报酬即可	向往体面或接近市民的工作
	劳动供给决策	绝对收入的比较	相对剥夺感较强
与家乡或农村的联系	务农的经验	有比较丰富的务农经验	没有或缺乏务农经验
	与家乡经济联系	较强，大量汇款回农村老家	较弱，汇款较少，用途也不同
城镇适应性	对城镇的认同感	较弱，多以同乡为主要交往对象	较强，向往城镇生活，渴望融入城镇
	与外界的联系	以口信、书信为主，信息量少，频率低，速度慢	以电话、网络为主，信息量多，频率高，速度快
	生活方式	与传统农民接近	与现代市民接近
流动意愿	对未来的期望	年龄大后返乡务农	不愿返乡务农，希望市民化

鉴于第二代农民工被界定为1980年以后出生的人，对表3-2中成长的外部环境和个人特征中的年龄层次、婚姻状况的检验没有太大意义。就个人特征中的文化程度而言，在六城市农业转移人口调查中，第一代农民工样本小学及以下的占比为28.4%，初中的占比为46.4%，高中的占比为17.0%，中专、技校和职高等的占比为3.6%，大专的占比为2.8%，本科及以上的占比为1.8%，而第二代农民工样本小学及以下的占比为5.8%，初中的占比为29.0%，高中的占比为17.7%，中专、技校和职高等的占比为15.1%，大专的占比为16.4%，本科及以上的占比为16.0%。这一情况大体和表3-2中的描述相符：第一代农民工以小学和初中文化为主，小学及以下和初中受教育程度的样本在调查中占到全部第一代农民工样本的74.8%，约为3/4；第二代农民工以初中及以上文化为主，初中及以上受教育程度的样本在调查中占到全部第二代农民工样本的94.2%，其中，大专及以上受教育程度的样本约为全部第二代农民工样本的1/3。

就个人特征中的人格特征而言，表 3-2 将第一代农民工描述为吃苦耐劳特征较强，将第二代农民工描述为吃苦耐劳特征较弱。对此，六城市农业转移人口调查也提供了相关信息：2016 年 4~6 月，第一代农民工样本平均工作了 71.0 天，标准差为 18.5，每个工作日平均工作 9.6 小时，标准差为 2.2；第二代农民工样本平均工作了 67.5 天，标准差为 19.4，每个工作日平均工作 9.1 小时，标准差为 2.3。此外，调查询问了受访者对工作劳动强度的满意程度，1~5 代表满意程度从低到高，第一代农民工样本对工作劳动强度的满意程度均值为 3.2，标准差为 1.1，第二代农民工样本对工作劳动强度的满意程度均值为 3.1，标准差为 1.0。就劳动强度和对劳动强度的评价看，上述情况和表 3-2 对两代农民工吃苦耐劳的描述是相符的，相比第一代农民工样本，第二代农民工样本的工作劳动强度更低，但对工作劳动强度的满意程度却更低。

关于就业的主要目的，在表 3-2 中将第一代农民工描述为"为家庭，求生存为主"，将第二代农民工描述为"为自己，追求生活质量"。对此，六城市农业转移人口调查没有设计相应的主观题目，但提供了能从侧面大致反映这一情况的客观数据。参考样本回答的 2015 年在城镇的个人消费支出情况，第一代农民工样本的均值为 18 992.7 元，第二代农民工样本的均值为 25 762.7 元。第二代农民工样本比第一代农民工样本更高的平均个人消费支出大致可以显示，第二代农民工和第一代农民工相比，就业更为追求自身的生活质量而非为家庭和求生存为主——这一结论诚然没有控制样本的家庭背景和其他个人特征，也没有考虑该项均值较大的标准差。

关于就业情况中的工作期望，表 3-2 将第一代农民工描述为"能拿到比种田多的报酬即可"，将第二代农民工描述为"向往体面或接近市民的工作"。对此，六城市农业转移人口调查虽然没有直接设计主观问题，但该情况可以从两代样本工作行业分布上的客观不同得到部分反映。一个与此相关并足以说明问题的数据是：从事制造业的第一代农民工样本在全部第一代农民工样本中的比例为 19.0%，从事制造业的第二代农民工样本在全部第二代农民工样本中的比例为 28.1%，后者约为前者的 1.5 倍；而在相较之下更具典型次属劳动力市场特征的建筑业，从事该行业的第一代农民工样本在全部第一代农民工样本中的比例为 24.4%，从事该行业的第二代农民工样本在全部第二代农民工样本中的比例仅为 11.7%，后者不及前者的 1/2。

上述工作行业分布数据同样可以用来说明就业情况中的劳动供给决策，这被表 3-2 描述为第一代农民工在进行劳动供给决策时关注"绝对收入的比较"，而第二代农民工"相对剥夺感较强"。在六城市农业转移人口调查中，建筑业样本的平均年工作收入为 58 362.8 元，标准差为 92 052.2，而制造业样本的平均年工作收入为 42 200.3 元，标准差为 31 945.8。如果忽略建筑业样本在这一项上更大的标准差,当进行绝对水平的比较时,建筑业毫无疑问占优。可以想象,第二代农民工更多地选择绝对收入较低的制造业,除了制造业更符合其工作期望外,这种选择也许还和制造业更为平均的收入水平有关——这不仅意味着一个可接受的收入水平是容易实现和有基本保障的,也意味着进行群内比较时,相对剥夺感将更低。

关于与家乡或农村的联系中的务农经验,在表 3-2 中,第一代农民工被描述为"有比较丰富的务农经验",第二代农民工被描述为"没有或缺乏务农经验",这也被六城市农业转移人口调查所证实。调查中,第一代农民工样本平均务农 139.1 月,标准差为 138.4,第二代农民工样本平均务农 29.7 月,标准差为 47.0,这反映了第二代农民工在时间意义上拥有比第一代农民工平均更少的务农经验,并且样本内部存在更小的差异。

关于与家乡或农村的联系中的与家乡经济联系,在表 3-2 中,第一代农民工被描述为与家乡的经济联系"较强,大量汇款回农村老家",第二代农民工则被描述为与家乡的经济联系"较弱,汇款较少,用途也不同"。六城市农业转移人口调查虽然并未询问受访者的汇款用途,但参考样本对"过去一年,您给老家寄(带)回多少钱"和"过去一年,您的个人总收入是多少"两个问题的回答,可以计算样本 2015 年给老家寄(带)回的钱在其个人收入中的比例。计算结果显示,第一代农民工样本该项的均值为 34.9%,第二代农民工样本该项的均值为 31.7%。第二代农民工样本比第一代农民工样本更低的均值大致可以证实表 3-2 在该项上的相关结论。不过,这一结论没有控制样本的家庭背景和其他个人特征,也没有考虑该项均值较大的标准差。

关于城镇适应性中对城镇的认同感方面,在表 3-2 中,第一代农民工对城镇的认同感"较弱,多以同乡为主要交往对象",第二代农民工对城镇的认同感"较强,向往城镇生活,渴望融入城镇"。对此,六城市农业转移人口调查也有涉及。首先,调查询问了"近半年中,与您交往最多的 10 个人中,有多少人是您的老乡亲戚",第一代农民工样本回答的均值为 4.4,标准差为 2.6,第二代农民工样本回答的均值为 3.9,标准差为 2.3。与此同时,调查也询问了上述时间段内和受访者交往最多的 10 个人中"有多少人是本地城镇居民""有多少人是您认识时间超过半年的本地城镇居民",第一代农民工样本回答的均值依次为 2.1 和 2.0,标准差分别为 2.3 和 2.4,第二代农民工样本回答的均值依次为 2.4 和 2.3,标准差分别为 2.2 和 2.4。这两个结论都与表 3-2 相符。相较而言,第一代农民工更多地和老乡亲戚交往,第二代农民工更多地和本地城镇居民交往,这反映了两代农民工对城镇不同的认同感。但值得注意的是,此处的认同感只在于人际交往方面,没有涉及更多的维度。

关于城镇适应性中与外界的联系方面,表 3-2 将第一代农民工描述为"以口信、书信为主,信息量少,频率低,速度慢",将第二代农民工描述为"以电话、网络为主，信息量多，频率高，速度快"。对于这一点，在六城市农业转移人口调查中，当被询问"您是否使用 QQ 或微信"，第一代农民工样本回答"是"的比例为 60.1%，第二代农民工样本回答"是"的比例为 92.9%。调查还询问了受访者使用 QQ 或微信与老乡亲戚交往的频率以及与本地城镇居民交往的次数、使用电话或短信与本地城镇居民交往的次数，第二代农民工样本在这三个问题上回答的均值都高于第一代农民工样本，同时标准差都较小。但是，当调查询问受访者使用电话或短信与老乡亲戚交往的频率，第一代农民工样本显示了比第二代农民工样本极为相似但略高的均值（标准差都较小），这是与表 3-2 不同的地方，但这由现代通信技术的飞速发展和普及可以解释。

关于城镇适应性中的生活方式方面，表 3-2 将第一代农民工描述为"与传统农民接近"，将第二代农民工描述为"与现代市民接近"。针对这一说法，六城市农业转移人口调查提供了直接相关的信息——调查询问了受访者是否"习惯了农村生活方式，不想改变"，第一代农民工样本回答"是"的比例为 27.9%，第二代农民工样本回答"是"的比例为 21.7%。然而，与此同时，当涉及生活方式的更多细节，如当被询问"您对目前所在城镇婚姻风俗的认同程度""您对目前所在城镇饮食习惯的适应程度"，两代农民工则并没有显示显著的不同：回答婚姻风俗认同程度低、较低、一般、较高、高的第一代农民工样本在全部第一代农民工样本中的占比依次为 6.6%、12.3%、40.6%、28.2%、12.3%，而第二代农民工样本的相应比例依次为 6.6%、13.2%、43.9%、22.2%、14.0%（因计算时四舍五入合计不为 100%）；回答饮食习惯适应程度低、较低、一般、较高、高的第一代农民工样本在全部第一代农民工样本中的占比依次为 3.2%、5.6%、32.6%、36.4%、22.1%（因计算时四舍五入合计不为 100%），而第二代农民工样本的相应比例依次为 4.2%、8.6%、33.9%、31.6%、21.7%。这可能与当前城镇生活方式不断向乡村扩散普及的事实有关，而许多农民工对城乡生活方式的差异依然存在和事实有出入的固有观念。

关于流动意愿，表 3-2 将第一代农民工对未来的期望描述为"年龄大后返乡务农"，将第二代农民工对未来的期望描述为"不愿返乡务农，希望市民化"。对此，六城市农业转移人口调查也提供了相关信息。首先，调查询问了受访者"考虑距离您老家的远近，您希望把户口放在哪里"，第一代农民工样本中回答"老家"的比例为 44.3%，第二代农民工样本中做出这一回答的比例为 41.7%；其次，调查询问了受访者"考虑落户地类型，您希望把户口放在哪里"，第一代农民工样本中回答"农村"的比例为 29.9%，第二代农民工样本中做出这一回答的比例为 22.9%。这两项数据和表 3-2 的结论相符。但与此同时，当被询问"您愿意完全转到非农职业上来吗"和"您愿意完全放弃农村土地吗"，两代样本显示了极为相似的均值和标准差，甚至于在这两项上，第二代农民工样本"非常愿意"的比例都比第一代农民工样本低。究其原因，在迁移流动的决策上，成本-收益分析是必要的，尽管非农职业和城镇可能对农民工具有吸引力，但农业和农村对他们同样具有吸引力，如农业现代化、土地流转可能带来的巨大收益，以及土地可成为退可谋生的保障。

综上所述，第二代农民工和第一代农民工年龄不同，成长的外部环境不同，这或许造就了他们在许多个人特征上的差异，但随着时间的流逝和社会经济的发展，并非所有的个人特征差异都一成不变。例如，两代农民工在生活方式上的差异也许会越来越小，在流动意愿上的不同也会越来越少。但无论如何，代际差异可能依然存在。参考表3-2和对六城市农业转移人口调查数据的相应分析，和第一代农民工相比，一个典型的第二代农民工形象可大致被描绘如下。

他们出生和成长于改革开放以后，拥有比第一代农民工更高的受教育程度，相较而言更排斥需要吃苦耐劳的工作，在城镇开支也更大从而似乎更追求生活质量，更喜欢首属劳动力市场上的"好"工作，更重视相对剥夺感从而"患寡但更患均"，和家乡农村的经济联系较弱，和城镇居民交往得更多，从而看起来对城镇的认同感更强，在人际交往中更为频繁地使用现代通信手段。

然而，值得注意的是，上述代际差异不应被笼统地视为代际效应。代际效应源于人们对相同经历或社会变迁形成的共同反应（魏下海等，2012），有必要将其和显示个体行为生命周期特征的年龄效应（Yang，2008）相区分。例如，关于第二代农民工比第一代农民工具有更高的平均个人消费支出，这既可能与他们更追求生活质量有关，但也可能与他们随生命周期不同阶段变化而变化的消费模式有关——这不同于西方经济学中的生命周期理论和持久收入假说（Modigliani and Brumberg，1954；Friedman，1957）。例如，余永定和李军（2000）提出，中国居民的消费行为有一个重要特点，即他们在生命的不同阶段往往都有一个特定的消费高峰。朱勤和魏涛远（2015）也提出，中国居民的家庭消费和年龄显著相关，个人消费从出生到29岁呈现出随年龄增长而波动上升的趋势，并在30～34岁达到所有年龄段中的峰值，之后略有下降，老年阶段的消费水平则相对较低。可以想象，当变化的消费模式遇上社会变迁，情况往往更加复杂。

另一个值得注意的情况是，即便使用了六城市农业转移人口调查数据的统计分析对表3-2进行验证，上述对典型第二代农民工个人特征的总结依然是不详细的，因为很多时候我们并没有充分考虑标准差的意义，也没有考虑可能呈现相反结果和其他结果的更多事实。例如，关于城镇适应性中对城镇的认同感，对六城市农业转移人口调查数据的统计分析仅仅表明第一代农民工更多地和老乡亲戚交往、第二代农民工更多地和本地城镇居民交往。这一结论实际上并不能完全证实表3-2中两代农民工城镇认同感的差异，因为数据既不是直接针对城镇认同感这一主观问题，同时没有涉及可能构成农民工城镇认同感的更多维度，至于农民工是否"向往城镇生活，渴望融入城镇"则更加无关。就这方面而言，上述对一个典型第二代农民工形象的总结既是客观分析的结果，也受主观判断的影响，因其既取决于数据的可获得性，也取决于我们对选择性偏差的重视，甚至同样取决于我们对"典型"标准的界定。

3.2.2 第二代农民工的集体行动

除上述个人特征，六城市农业转移人口调查也涉及了农民工的集体行动意愿。当被询问"如果在工作中发生权益侵害，您通常倾向于怎样解决"，第一代农民工样本中回答"找熟人一起争取"的比例为 14.5%，第二代农民工样本中的这一比例为 16.5%。与此同时，第二代农民工样本中回答"忍受"的比例为 7.7%，远低于第一代农民工样本中的 15.1%。这两项数据似乎表明，面对权益侵害，第二代农民工比第一代农民工更积极于权益维护进而采取集体行动。但同时也应注意到，第二代农民工样本中回答"找律师"的比例为 10.9%，远高于而非略高于第一代农民工样本中的 4.2%。因此，我们在学界相关的主流结论之外应该进行更多的审视和反思。

首先，许多关于不同代际农民工集体行动的实证分析在逻辑上可能都是有瑕疵的，这不仅体现在计量回归中对代际效应和年龄效应的混淆，甚至还体现在直接对不同代际农民工集体行动的统计描述方面。以 2010 年的湖北省流动人口动态监测数据为例，该调查询问了受访者"如果您所在单位发生了劳动争议的群体性事件，您会采取何种行动"问题，备选回答为"有这样的事件就参加""多数人参加才参加""涉及自身利益时才参加""不参加""说不好"，两代农民工样本的回答的基本情况见表 3-3。观察表 3-3 可以发现，第二代农民工样本比第一代农民工样本回答"有这样的事件就参加""多数人参加才参加""说不好"的比例高，但回答"涉及自身利益时才参加""不参加"的比例低，而且各比例之间其实相差不大，显然无法据此对差异下结论。数据没有通过正态性检验，我们采用非参数检验判断差异是否显著，Mann-Whitney U 统计量为 66 724.0，Wilcoxon W 统计量为 167 749.0，$Z = -0.384$，$p = 0.701$（双侧），表明两代样本对该问题回答的分布无显著差异。但同样是这组数据，不同角度的解释可能引起完全不同的理解，如仅强调第二代农民工样本比第一代农民工样本更低的"不参加"比例。

表 3-3 如果您所在单位发生了劳动争议的群体性事件，您会采取何种行动

项目	第一代农民工		第二代农民工	
	频率	百分比	频率	百分比
有这样的事件就参加	13	2.9%	14	4.6%
多数人参加才参加	44	9.8%	31	10.3%
涉及自身利益时才参加	159	35.4%	94	31.1%

续表

项目	第一代农民工		第二代农民工	
	频率	百分比	频率	百分比
不参加	124	27.6%	81	26.8%
说不好	109	24.3%	82	27.2%
合计	449	100.0%	302	100.0%

其次，在上述选择性偏差之外，更多的误解也许来自对因果关系的误判或遗漏。以个人特征中的受教育程度为例，一个常见并看似合理的逻辑是"第二代农民工由于拥有比第一代农民工更高的受教育程度，他们往往能更清楚地察觉到其所受到的不公，进而更具抗争意识和更倾向于采取集体行动"。但问题在于以下几个方面。

第一，更具抗争意识不一定意味着更倾向于采取集体行动。关于这一点，本书第2章曾提到，当面对权益侵害，农民工通常采取的应对方式不仅包括集体行动，还包括个人行动和退出行动等。即使这些行动看起来有积极主动和消极被动之分，但在抗争的效果即权益维护的有效性上也许并没有什么不同。本节之前也提到，在六城市农业转移人口调查中，虽然第二代农民工样本比第一代农民工样本更积极于权益维护，并且在采取权益维护的集体行动方面也略高于第一代农民工样本，但与此同时，第二代农民工样本中回答"找律师"的比例却是远高于而非略高于第一代农民工样本。在包含规范和非规范集体行动的动态模型中，这些替代的行动方式被视为人们察觉到的其他应对劣势的策略，成为该模型中集体行动的障碍之一。

第二，诚如集体行动的社会认同模型，不公往往会激发人们的集体行动，但集体行动的社会认同模型同样显示了效能和认同对人们集体行动的影响。第二代农民工拥有比第一代农民工更高的受教育程度，也许导致了他们对不公的更多察觉，但一些可能的其他情况包括：更高的受教育程度使他们拥有更多的人力资本，从而在劳动力市场上更容易换工作，致使退出行动在效能上更优，但这通常也意味着他们的人力资本对企业来说更加稀缺，从而让其和企业讨价还价的个人行动在效能上更优；与此同时，更高的受教育程度也许使他们更不认同于自身被贴的"农民工"标签，从而即使感到有参加行动的必要，也不倾向于参与农民工群体的集体行动。

第三，察觉到自己所受的不公和意识到这种不公是针对自己所属的某个群体是两回事，并且，由于人们通常不会将自己局限于只属于某一个群体，而往往是依据事实和需要进行自我归类，当面对权益侵害，第二代农民工是否更多地认为这一具体的权益侵害不仅针对自己，还针对自己所属的农民工群体，进而需要自己作为农民工群体的成员进行集体行动，都是需要仔细辨别和确认的。在这一过程中，第二代农民工也许不倾向于将自己归类为农民工群体的成员，也许他们更倾向于将自己归类为其他群体的成员，这都会影响他们的行动选择。就后者而言，如 2.4 节对农民工个人特征、情境与维权行动的计量分析显示，在超时加班的情境下，为家庭企业或者家族企业工作的农民工更倾向于不行动，究其原因，相比其他情境，超时加班并不是次属劳动力市场中性质特别严重的问题，并且为和自己具有某种共同利益关系的企业超时加班也往往更多地出于自愿——此处，和企业具有某种共同利益关系也让劳动者的权益计算本身更加复杂，被侵害的权益可能得到某种其他形式的补偿，或者可看作另一种形式的维权。但现在，我们还可以给出其他角度的解释：在包含规范和非规范集体行动的动态模型中，集体行动的另一个障碍是其他情感忠诚。

第四，受教育程度更高，并不一定意味着第二代农民工对所有情境下的不公会有更敏锐察觉，进而导致其行动乃至集体行动的更高倾向。同样如本书第 2 章扩展讨论提及的笔者近年的实证研究，笔者在该研究中通过对农民工个人特征、情境与维权行动的计量分析发现，受教育程度提高，该研究中的农民工维权积极性也增加，但这只发生在该研究中劳动报酬不合理的情境下，其他情境下，该研究中受教育程度不同的农民工的反应没有显著差别。原因可能是，相比其他情境，劳动报酬合理与否涉及农民工自身更加主观的判断，并且现实中，劳动报酬的多少往往的确和劳动者的受教育程度高低有所联系。当观察到身边受教育程度相似的其他农民工获得的报酬更高，农民工也许不会全面考虑控制其他条件相同再进行比较，而往往由于相对剥夺感的形成直接得出自身所获劳动报酬不合理的判断。相比之下，如拖欠工资、作业环境恶劣、超时加班和工伤等，则通常是次属劳动力市场中大多数受教育程度相似的农民工习以为常面对的情境，也许并不增加他们的相对剥夺感。换句话说，对受教育程度高的农民工，劳动报酬不合理可能是较易获得关注的和性质较为严重的权益侵害情境，从而更容易激发他们的维权行动，但其他情境下未必如此。这让我们更加意识到集体行动的个人-集体综合模型中外在个人因素和内在个人因素关系的复杂性，这些关系本身的梳理和总结就是困难的，现在还应考虑它们随情境不同而发生的变化。

第五，受包含规范和非规范集体行动的动态模型的启示，情境概念本身也应适当扩充，既包括劳动报酬不合理、拖欠工资、作业环境恶劣、超时加班和工伤等外部情境，也可以包括包含规范和非规范集体行动的动态模型中的障碍、情绪前因和后果等内部情境。它们不同于个人-集体综合模型中的内在个人因素，更不同于外在个人因素：这些在模型中作为背景的个人因素在较长时间内保持相对稳定，而上述内部情境通常在一个完整的事件中会对人们的行动产生影响而有所改变，甚至上述外部情境有时也如此。例如，经抗议后有所改善的劳动报酬或作业环境等——但我们没有尝试在集体行动的个人-集体综合模型中加入外部情境，其一是因为真实世界的外部情境千差万别，其二是因为模型致力于解释特定外部情境中人的所思所行，而非外部情境本身及其改变。第二代农民工固然拥有比第一代农民工更高的受教育程度，但受教育程度作为外在个人因素，其对集体行动的最终影响还有赖于它和内在个人因素的关系以及外部情境对这些关系的影响，并有赖于内部情境的作用。对于后者，仍以 2.4 节对农民工个人特征、情境与维权行动的计量分析为例，在超时加班的情境下，该研究中为家庭企业或者家族企业工作的农民工更倾向于不行动，本节之前用其他情感忠诚做出了解释，而进一步的解释是，其他情感忠诚抑制了集体行动的情绪前因。

根据以上分析，对不同代际农民工集体行动的比较和归因就必须非常谨慎。我们不倾向于采用计量方法对其进行研究，原因也在于太多的逻辑细节无法被纳入回归模型，并且在非实验场合的普通抽样调查中，许多变量无法获得相应数据。以下采用案例方法进行研究。该案例研究的论证逻辑为：现实中，第二代农民工和第一代农民工在个人特征上呈现出一定差异，而理论上，一如集体行动的个人-集体综合模型，包括外在因素和内在因素的个人特征会影响农民工的集体行动，故而第二代农民工即"改变的个体"的集体行动将和第一代农民工的集体行动有所不同，但这一切还与"变革的社会"有关，变革的社会不仅直接促成农民工个体的改变，还塑造和影响了农民工具体集体行动事件的外部情境与内部情境。我们试图由此将变迁的社会和改变的个体相联系，在当代中国社会变迁的宏大背景中探讨第二代农民工有别于第一代农民工出于权益维护的集体行动细节，以此判断逐渐以第二代农民工为主体的中国农民工群体的集体行动发展趋势，进而提出关于这一社会问题最终解决出路何在的思考。

3.3 变迁的社会与改变的个体[①]

2016 年 9 月，我们在深圳见到了来自河南濮阳的青年农民工阿贵。2016 年 7 月，阿贵和同厂的其他农民工在宝安某电子厂集体讨薪。在政府的干预和帮助下，他们最终成功拿回了被拖欠的薪水，但过程的曲折让阿贵他们回忆起这段经历就非常感慨。

3.3.1 年轻的读书无用论者

2016 年 6 月，阿贵升任零部件生产线的主管。接到任职通知时他非常高兴。然而夜里，留给他的依然是持续数年关于"发财梦"的躁动不安。

---

① 本节案例来源于 2016 年广东深圳的代表性案例访谈记录。

"家里老说我想发财。我是想发财,年轻时想得更厉害。问题是,谁不想这个?我现在比读书那会儿务实多了。读书那会儿,我爸妈老说我聪明,我妹就不如我,出去打工了。但不是聪明就能上大学,加上努力也不行。河南人多,高考第一大省,城里人上学都挤破头,何况我们农民家的。我爸妈都知道,那还得看运气,成不成不在我。挺对不起他们的,特别我妹,打工供我。她其实也聪明,不是读不出书的。"

诚如阿贵所言,作为高考第一大省,河南省的教育资源相对匮乏。在阿贵参加高考的 2010 年,尽管经历了"十一五"的快速发展,河南省的高等教育依然存在许多问题,2010 年的高等教育毛入学率比全国低 2.84 个百分点,普通高等学校录取率比全国低 2 个百分点,每万人口中接受普通高等教育的在校生比全国少 20 人,高等学校数量也偏少,每 1000 万人口拥有的普通高等教育学校比全国少 7 所(河南省人民政府,2012)。然而对阿贵等来说,比起教育资源在区域间的分配不合理,或许更严重的是城乡间的教育资源分配不合理。这不仅是河南省的问题,也是全中国的问题。梁晨等(2012)曾指出,自 1949 年以来,随着中国高等教育领域的革命,高等精英教育生源出现多样化,工农阶层子女逐渐在其中占据相当比重,并将这一比重保持到 20 世纪末。但进入 21 世纪,中国高等教育领域的不平等出现反向增长,寒门子弟离一流高校越来越远(叶铁桥和田国垒,2012)。李春玲(2010)也发现了城乡之间的教育不平等有所上升,继而又撰文指出,"80 后"群体中,农村人口接受高等教育的机会只有城镇人口的 1/4,接受高中教育的机会则为 1/5 左右,许多"80 后"的农村人口没有机会进入小学和初中,或在中考、高考时被淘汰,他们中的幸运者即便突破了层层关口,多半进入的也是二三流大学(李春玲,2014)。

没考上理想中大学的阿贵进入了一所高等职业(以下简称高职)学校。两三年的时间,光阴虚度,他更加渴望发财,进而萌生创业的想法。

"我妈也不清楚高职是啥,听人说好就跟我爸一合计,托人把我送去,其实根本不用,我分足够了,换现在我宁愿复读。现在我还后悔,说它是大学吧,听起来和职高一样,不光我当初误会,毕业时好多地方也误会,找工作太难。而且本来也没学到什么,课堂无聊得总睡觉,有时醒了也听不懂,英语学来干啥?我知道它有用,可那是对别人,我找得到说英语的工作?他们还不如我,我起码聪明,也努力,他们到那儿都不是读书的,也不是读书的料,晃悠几年出去打工。反正,和我想的上大学不一样,特别失望。失望起来,人就更想发财。我大白天翘课,在被子里整天想,就跟他们一样肯定发不了财,我得创业。"

阿贵的经历和想法也是许多职校生共同的经历和想法。中国职业教育存在的问题众所周知,首先就是教育质量。教师上课照本宣科,教材和教辅资料常年不更新,教学内容和实践脱钩。这虽然也是中国教育领域的普遍问题,但由于职业教育明确的就业指向性，这些教育质量问题显得格外突出。究其原因，职业学校有限的经费无法有效改善办学条件，也无法提供具有市场竞争力的薪酬水平，而改革滞后的职称制度和薪酬制度又不利于留住人才，更招不来行业实践的精英。生源和学风也极大影响了教育质量。阿贵自诩聪明、努力，虽然他"大白天翘课"，上课"总睡觉"，"有时醒了也听不懂"，但在他眼中，他的同学还不如他，"到那儿都不是读书的，也不是读书的料"。如此的教育质量，让高职在劳动市场缺乏口碑，影响了职校生的就业。在中等和高等教育逐渐普及的今天，除少量著名高职，职校生在劳动市场举步维艰。甚至，高职本身的名称也让劳动市场的双方充满误解，从而也影响到职校生的就业。这正如曾经的阿贵将高职和职高混同，"说它是大学吧，听起来和职高一样，不光我当初误会，毕业时好多地方也误会，找工作太难"。

在高职读书期间，尽管由于主客观原因没有学到多少东西，但随着年龄增长，阿贵褪去了学生气，变成了一个渴望发财和创业的青年。毕业后，他迫不及待地把创业的想法告诉了家人——他想在老家种植果树，原因是看到网络上很多人靠种植果树赚了很多钱，一年几十万元、上百万元的收入。父亲强烈反对，说他什么都不懂，想自己创业简直做梦，说他没出息。阿贵不理解父亲生气之下的口不择言，深受打击之下，他不顾家人反对离家出走。由于缺乏技能，为谋生，他在县城同学开的一家汽修店干起了修理工。县城的消费水平不低，而修理工一个月的工资才一千元。他愈发控制不住发财梦，开始学身边的人买彩票。

"我爸说得对，我确实什么都不懂，学是白上的，务农不会务农，做工不会做工，找个修车活也只能打下手，创业还要懂管理，我是真不行。可每个月一千块钱，哪能过一辈子。一条道走不通，就换条道。我那时候基本每天都去买彩票，汽修店生意不好，我就泡在彩票站，要么就在网吧，趴键盘上打个盹儿都能梦见中彩票，成了有钱人。但我一次也没中奖，每次开奖后，心情都非常不好，想找个地方一个人哭，但哭不出来。我还想读书，但不是那种书，那种书读了没用，读了白读。但我也读不了别的书，我已经不年轻了。早知道考不上大学，我连高中也没必要读的，和他们一样老早出去打工好。"

对于阿贵的"想找个地方一个人哭，但哭不出来"，我们的解读是，他其实知道指望买彩票发财不靠谱，但因为认为没有别的出路，所以只好一边自责，一边沉溺于此。至于他的"还想读书"以及在这件事上表现的悲观，尽管我们解释事实并非如此，但他似乎已经认定。他的"年轻"是相对的，"已经不年轻"也是相对的，参照物是他的同乡和朋友，也就是那些当初和他一样没有考上大学的人。此处值得注意的是，他一直没觉得高职是大学，甚至认为既然高考不成功，高中对他来说也就没有了意义。他将自己放在和那些十七八岁考上"大学"的人对立的世界，怀着憧憬和崇敬、后悔和自卑。而反观当时他所在的世界，最成功的年轻人也不过是到广东、福建等地工作，挣钱回来，谈不上光宗耀祖，但至少给父母盖了新房，给自己娶了媳妇。至此，随着对买彩票混日子的生活感到厌倦，阿贵逐渐放下了一夜暴富的想法，决定"和他们一样"，也出去闯闯。而这时，他妹妹离家工作早已多年。

3.3.2 被迫早熟的女农民工

在阿贵眼中，同事阿燕和自己妹妹很像。阿燕是阿贵的同乡，也来自河南濮阳，离家工作的原因是"供弟弟好好上学"。阿燕一直在仓库工作，细心谨慎，踏实勤恳。

"我进厂的时候被分在仓库，负责入库单和出库单。有一天库存不对，我马上告诉主管。主管把我带到一边，叫我谁也不要说。我当时不懂，追问她怎么处理。她说开会时会自己跟经理汇报，让我不要管。她汇没汇报我不清楚，应该没有的，我也没敢找经理说。但我尽职尽责干工作，她后来总找茬。其他人都看不过去，我也什么都没说。我不爱说，说多了没好处，上次就是，从小我就知道这个理，只埋头做。而且我家里负担重，要供弟弟上学。要是没了工作，每个月就不能寄钱回家了。我是大姐，跟其他人不一样的。"

阿燕的细心谨慎让她从事了一份需要细心谨慎的职业，但这也给她惹来了麻烦。作为当事人和受害者，她对女主管的行为没有谈论太多，也没有表达更多的抱怨。阿燕的沉默让我们好奇于她的成长经历。但她不愿多讲，而这件事本身也并不值得大惊小怪。在中国一些较为闭塞的农村地区，传统的重男轻女观念依然存在，女孩们从小就被要求"埋头做"，长大后早早离家就业，供哥哥或弟弟上学。这些女孩也不觉得重男轻女是歧视，而是很自觉地承担原本不应由她们承担的责任，正如阿燕下意识地强调，"我是大姐，跟其他人不一样的"。实际上，这一权利和义务的不对等并非独属于农村家庭中的第一个女孩，阿贵的妹妹也被从小教育应当负担家庭中男孩的学业支出，并且很多时候还得在生活上照料他们，因为在长辈们看来，他们"聪明"，而她们的智力则相对地不适合读书。也许正是因为这样的成长环境和经历，阿燕拥有了上述性格特质，以及不符合年龄的成熟。

"过了大概半年，主管调走了。大家都在议论，不知道经理安排谁当新主管。开会宣布我当新主管时，我愣了，真是没想到，好一会儿才起身。然后，对自己要求就高了。他们在背后说我年轻，年轻不能服众。还说女人手脚笨，这话就没谱得很，我只当没听见。我每天提早起床，七点多就到办公室打扫卫生，准备工作计划。和我关系好的找我帮忙，我都按制度来，时间长了也就没人说坏话了，大家心里还是公道的。但工作有时还是难做，有几个男同事总躲在仓库抽烟。这有安全隐患，我上去阻止。他们看我个子小，一脸凶相地吼我，要我少管闲事。我最初看见他们还是有点怕的，但多说几次，发现他们也怕，慢慢我胆子就大了。"

虽然出生和成长于重男轻女的家庭，并任劳任怨地扮演受歧视的家庭成员角色，但在职场中，阿燕保留了身为女性的自信。"女人手脚笨，这话就没谱得很"来自她对生活的观察和体验。随着职位的提升，她的自信与日俱增，虽然也遇到过困难，但这些困难没有击倒她，反而让她进一步向心细胆大、干练成熟的职业女性蜕变。这一年，她才23岁。

3.3.3 就业者与艰难的制造

阿贵比阿燕大两岁，虽然没有早熟，但也步入了该成熟的年龄。刚来深圳时，他觉得待不下去，气候不适应，环境"脏、乱、差"，收入和在老家差不多。他后来知道加班的必要性，但高强度的劳动一度让他身体吃不消。

"这里太热，又潮，夏天还台风，真待不下去。他们说我娇气，我哪儿娇气？是他们太糙了，没要求。看这地方，脏、乱、差，环境不如我老家。我刚来，不懂加班，每个月到手的钱也不如老家。后来拼命加班，从早到晚焊针脚，把人眼睛焊瞎。没办法，不加班活不下去。加班多了头晕，就睡个一两天，又爬起来加。加班才有钱存，要熬不住回家，我爸又得生气，我也丢不起这个人。"

农民工离乡背井，千里迢迢，初次来到陌生的城市，水土不服可以理解，这也是常见的。但生活上的不适应让同事认为阿贵"娇气"，他反过来认为同事"太糙了，没要求"，这或许超出了就事论事的范围。相比从未被人这样评价也从未这样评价别人的阿燕，阿贵在性格气质上的确有所不同，这应该与他和阿燕不同的成长经历有关。但与此同时，我们部分地认同他对同事的评价，在这样的地方长期生活，是需要"糙"和"没要求的"——仅就生活环境而言，厂区周围不但环境乏善可陈，而且许多地方让人感到不适。放眼宝安区，2015年辖区面积394.32平方千米，人口密度每平方千米7261.48人，年末常住人口2 863 348人，其中非户籍人口2 405 451人（深圳市宝安区统计局，2016）。虽然不像龙岗区和南山区拥有华为技术有限公司和中兴通讯股份有限公司，但这里有深圳创维-RGB电子有限公司，在2015年深圳市工业增加值中排名第八位，另有深圳市华讯方舟科技有限公司、富葵精密组件（深圳）有限公司、深圳市共进电子股份有限公司、深圳市大族激光科技股份有限公司四家企业进入深圳市工业增加值排名前三十强（深圳市宝安区统计局，2016）。这些企业中的就业者，多数都是阿贵和阿燕这样的外来农民工。他们中的很多人生活在这样"脏、乱、差"的地方，以辛勤劳作为这里逐年增长的地区生产总值作贡献。和他们的忍耐与付出相比，收入却是微薄的。阿贵说刚来时"不懂加班，每个月到手的钱也不如老家"——阿贵在老家城镇当修理工时每个月的收入是一千块。我们错愕于工资的低廉,因为2014年深圳市政府的最低工资标准为1808元(深圳市宝安区统计局,2015)。然而,阿燕向我们证实了这一点,虽然没有精确的数字,但"不加班,一个月就那么多"。而一旦加班,收入则增加不少,"由于工厂的加班费很多,宝安不少工厂的实际工资标准约为最低工资的两倍"(深圳市宝安区统计局,2016)。但阿燕也告诉我们,流水线上的工作,即使不加班劳动强度也高,以前阿贵偶尔来仓库拖货,虽然是重活,但那就是他不多得的休息了,流水线上是一刻不能停的。至于阿贵的头晕,阿燕则表示,几年下来每天十几个小时低头工作,工人们或多或少都有毛病,熬下来的都是家里负担重的,或者像阿贵,"要熬不住回家,我爸又得生气,我也丢不起这个人"。

无论最初是什么原因,阿贵都在深圳待了下来,一待就是三年。三年中,他习惯了加班,甚至主动申请加班。由于收入比以前多,他攒下不少钱。但他结了婚,孩子马上要出生,他必须考虑怎么才能赚更多的钱。

"我那时候拼命加班,自己要的,不知道累。钱多了,我就一个人,又没坏毛病,这地方花不出去,最多去网吧,要不就是打桌球,心里挺平静的。时间长了,这种环境,耐性就磨出来了。我现在很少买彩票,有时间就加班,每个月攒钱。年初家里安排,我回去结了婚,老婆同村,从小认识,再过几个月就要生了。我琢磨钱还是不够。这边马上开一学校,听说专门收我们这种家庭的孩子。但这边环境不好,还是在老家合适,和我爸妈有个照应。我当时想,学校建成后再看看也行,但一家子都过来,花钱肯定多了。我天天愁,怎么找个办法多挣钱,好像又回到原来了。"

说到后面,阿贵有些难为情,毕竟"家里老说我想发财",但"我现在比读书那会儿务实多了"。谈到家庭负担和家庭责任感,他感叹于自己越来越像父亲。他父亲出生于20世纪70年代,但从照片上看更像是出生于20世纪50年代。他在个人特征上和典型的第一代农民工极为相似:没读过多少书,很早结婚生子,为家庭出来工作,什么活都做,吃苦耐劳,省吃俭用,寄钱回家,年纪大了身体不行,回家务农。但不同之处也很多:他用电话和短信,正在学习使用微信,习惯和喜欢城市生活,比起回家务农,他更希望全家在繁华的城市扎根,这也是他当年期待儿子能通过读书"跳农门"的原因。而阿贵说"一家子都过来",不仅指他的妻子和孩子,还包括父母。事实上,洪小良(2007)发现,1984~2006年,北京市外来农民工的流动呈现明显的家庭化特点,朱明芬(2009)也发现,1995~2008年,杭州外来农民工家庭人口迁移发生率逐年上升,虽然这两项研究的结论都是针对核心家庭做出,数据年份也已不新。熊景维和钟涨宝(2016)则提出,个体并非农民工向城市迁移的自然单元,以家庭为单位的迁移将成为基本趋势,究其动力,传统的经济理性之外,家庭亲情联结、文化规范遵从等社会理性逻辑也是重要的。就后者而言，我们相信它同样适用于主干家庭。而一旦消除对两代农民工的刻板印象，我们就会发现，关于城镇适应性和流动意愿，正如六城市农业转移人口调查反映的统计事实，两代农民工在这些方面也许并不存在我们想象中那么大的差别，这可能无关经济理性，也无关社会理性，只是我们这个时代造就的共同个人特征。

随着年龄的增长，阿贵即将步入"上有老、下有小"的生活。他需要赚更多的钱，这不同于他过去的发财梦。但现实的残酷在于，他收入来源的稳定性都成问题。在电子厂的三年里，他的工资很少按时发放。到2016年7月，更残酷的事情发生，电子厂专为下游某企业生产芯片和电容，结果上半年该企业"出了事"，电子厂供货收不回钱，在拖欠了工人三个月工资后，老板跑路了。

"厂里很少按时发工资，有时拖两三个月，去年拖到了年底。是不是恶意拖欠，难讲，其实老板平时人还好，网上都说是这几年很多行业不景气。但今年不一样，上头那家出了事，老板都跑不见了，现在还没个影。三个月，我现在拖得起，以后拖不起，其他人也拖不起。再说这不景气，不是一天两天，以前熬得过去，复工了，这次肯定不行。就算这次复工，以后总有天熬不过去的。"

高职的教育并没有让阿贵懂得太多经济管理类的知识，他甚至对产业链中的上游企业和下游企业没有形成正确概念。这不是阿贵一个人的问题，业余时间在备考会计从业资格证书和大专财务管理专业的阿燕也搞不清上下游是什么。但这不妨碍他们对经济形势做出自己的判断。事实上，2016年，世界经济仍处于金融危机后的深度调整，中国的进出口又受到国际产业转移格局的影响，再加上美国联邦储备系统（以下简称美联储）的加息，中国的实体经济生存环境恶劣。2015年以来，宝安用工费高涨，厂房租金不断提高，又受汇率大幅波动的影响，出口一直处于低位，规模以上工业增长速度放缓，产值300强以外的规模以上工业企业产值在2015年下降了6.5%，工业亏损企业529家，亏损面23.86%，比2014年末扩大4.5%，合计亏损额30.97亿元，同比增亏212.2%，通信设备、计算机及其他电子制造业利润总额比2014年减少2.63%（深圳市宝安区统计局，2016）。我们不知道"上头那家出了事"究竟指什么，或许是一次生产安全事故，或许是一次反倾销诉讼，但无论如何，在这样的经济形势下，阿贵和工友们的悲观都是可以理解的。这大概可以解释阿燕对这件事更加宽容和平静的态度——到最后，阿燕仍然表示："希望工厂能早日复工。"她在电子厂的时间比阿贵长，但始终没有太多抱怨。这份宽容和平静甚至感染到阿贵及其他人。

3.3.4 难以团结的矛盾集体

2015年，阿贵他们的工资也曾一度没有按时发放。当时是年底，工人们都很心急。那时的阿贵在生产线当小组长，车间经理召集他和其他组长一起开会，让他们管好手下的工人，但阿贵他们没有听，甚至有其他组长在罢工发生后冲进老板办公室，情绪激动，要求老板立刻发工资。阿贵觉得"老板平时人还好"，所以当时并没有过激行为，但事后，他对其他人冲动之下的做法表示了一定认同。

"我们可不像我们的父辈，那种下跪讨薪的事干不出来。再说这事，老板跑路了，找不到了，肯定接下来是找政府，我们思路没错。但这种事，没做过就不清楚，面对领导心里还发怵，嘴巴打结，跟小时候怕老师似的。然后有人说，在新闻里看过怎么讨薪。人家能成功，我们就依样画葫芦。"

分析阿贵对他人冲动行为的认同，年轻气盛是一方面，受教育程度较老一辈有所提升也与之有关，但更重要的是，据他后来解释，"下跪"被年轻人视为封建时代才有的礼节或侮辱行为，是只出现在影视剧和网络调侃中的情节。遇到劳资矛盾，工资拖欠、老板跑路，他直言"肯定接下来是找政府"，反映的则是他循规蹈矩、遵纪守法的本性，以及对国家和政府的高度信任。这里还存在作为前因的情绪、行动和后果之间的交互反馈，就像集体行动的个人-集体综合模型那样。一开始，阿贵"肯定接下来是找政府"里的"政府"，在他的潜意识里也许更多地针对中央政府——中国政府的层级越高，民众的信任越高（Bernstein and Lü, 2000; Li, 2004; 胡荣, 2007）。而据他后来所说，当接触到个别素质有待提升的基层工作人员，他对不同行政管理部门的信任程度有了不同（谢秋山和许源源, 2012），种种主客观原因带来的失望和挫败感则直接减少了下次采取同样行动的可能。

"厂里停工以后，有人关心什么时候拿回钱，有人关心什么时候复工。有主意的出主意，没主意的就附和。大部分人还是相信我的。我读书多，是主管，我手底下那些，好多小学、初中毕业的，不听我听谁？可好景不长，他们都只会说，真到做事的时候还是一盘散沙。"

阿贵刚升主管不久，阿燕的主管资历长一些，但当电子厂停工，原有的组织结构和管理系统不再起作用，他们的权威受到了挑战。据我们的观察，阿贵的服众来自"读书多"，而并非主管一职，阿燕的服众也一样，来自她一贯给人的可靠印象。然而，这一群体"还是一盘散沙"，这固然和人的天性有从众和独立之分有关，"有主意的出主意，没主意的就附和"，但价值取向——"有人关心什么时候拿回钱，有人关心什么时候复工"——的难以调和也是重要原因。

由于"一盘散沙"，讨薪行动半途而废，阿贵等被叫到街道了解情况。

"他们态度很好，还向我们普法，仔仔细细。我听晕了，嘴巴不利索，情急之下也想不明白，等承认思想错误出来后头还是晕的。回头一想，事情还是没解决。"

当出现劳资矛盾，同那些"60后""70后"的第一代农民工更愿意当面谈相比，"80后""90后"的第二代农民工一如阿贵，似乎更愿意和更擅长以文字表达诉求而非口头。阿贵他们希望可以打出标语而不用说话，或者至少不用自己说话。

按阿贵的说法，请愿书就更简单，递上去不管脸红控不控制得住，说话结巴不结巴，反正能让对方弄清来龙去脉，弄不清楚就再写，实在要说话补充，那也比全部都由嘴巴来说容易。但我们相信这是一个年龄问题，而不是代际问题，因为它和人生阅历的丰富与否有关。

3.3.5 理性之下的诉求变化

阿贵陷入消沉，开始不耐烦"脏、乱、差"的生活环境，犹豫是否要回老家。阿燕则更勤奋地备考会计从业资格证书和大专文凭。现实的打击让工人们的诉求发生了变化，大多数人谈论的不再是讨薪和复工，而是去哪里找工作。

"宿舍就这样，又脏又乱，没好过一天。老、破、小，到处扯的线，这儿坏那儿坏，厕所也臭。房间早住满了，还有人携家带口往里搬。我是不愿意住了，哪能一直住这儿。我有时心情不好，只能靠后面那块地打发时间。刚结婚那会儿，我老婆过来了一趟，选了那地种菜，白菜、萝卜。旁边是我后来种的花，兰花是野生的，玫瑰是移栽的，在家跟我爸学的。我有点想回去了。阿燕整天看书，我跟她说会计从业资格证书有用，大专没用，她估计不信，我就算了，希望她好。他们都在找出路，不怎么谈钱拿不拿得回来了，复工更是没指望，阿燕都不提了。"

阿贵对宿舍的描述"老、破、小"并不客观，但宿舍楼的设施保养和清洁维护确实不尽如人意。宿舍的修缮和扩建早几年就在议程中，但一拖再拖，主要是资金来源问题。但工人们其实并不在意，"哪能一直住这儿"。

事实上，虽然阿贵在居住条件的改善方面对未来充满信心，但这可能是过于乐观的结果和轻率的结论。我们没有追问如果不住宿舍，在不回老家的前提下，他打算如何安顿自己。但不出意外，他面对的只有两种选择，租房或买房。在房价高涨的今天，如果不能通过农村土地流转获得足够的资金，他在任何一个务工城镇买房都将相当困难，尤其是深圳。我们查阅了商品房二级市场平均交易价格：在 2014 年，深圳市的商品住宅平均交易价格为每平方米 23 955 元，相较于 2000 年的每平方米 5275 元，上涨了 354.1%；宝安区 2014 年的商品住宅平均交易价格为 23 747 元，相较于 2000 年的每平方米 3025 元，上涨了 685.0%（深圳市统计局和国家统计局深圳调查队，2016）。我们估计这远远超出了阿贵的支付能力，尤其当考虑他还曾试图将妻子、孩子和父母都接到深圳来。而租房也不是容易的选择——阿燕告诉我们，2015 年深圳房价暴涨，房租也跟着涨，她现在完全没法负担，结婚生孩子就更不敢考虑。

在农民工的城镇居住问题上，倪建伟和桑建忠（2016）提出，农民工的选择大致有单位住房、租房和购房三种模式，其中，单位住房模式免收房租或房租低廉，但在保障质量上可能不及其他，租房模式则存在房租水平超出农民工个人和家庭的承受能力问题，至于购房模式，虽然农民工多半有城镇购房的意愿，但这种模式在价格和农民工的承受能力上存在比租房模式更大的差距。有研究者认为，农民工的居住难在经历城市化的发展中国家普遍存在，并非中国独有（郑思齐等，2011），这是由于社会管理体制改革落后于经济改革（丁富军和吕萍，2010）。但无论如何，农民工居住难这一问题客观存在，并且将在未来不短的时间内持续。随着第二代农民工年龄的增长，即便选择晚婚晚育，他们中的许多人对居住的要求都会逐渐提高，从而需要在居住上支出更多。在房价、房租高涨的今天，这成为已婚有子的阿贵努力加班攒钱和未雨绸缪的阿燕努力工作与学习的原因。我们重申这并非第二代农民工更追求生活质量的表现，而是人生阶段和社会阶段使然。

而这样的重压之下，工人们迅速的诉求转变就可以理解。换工作是最容易的选择，新工作就是新的开始，即便新工作和旧工作一样充满风险与不确定性，一样属于次属劳动市场。他们中的绝大多数人认为群体不可跨越，这包括持读书无用论的阿贵。阿燕是个例外，但以后阿燕会不会变成阿贵，我们无法预测。

3.3.6 峰回路转与人各有志

我们隔天再去阿贵的宿舍，但他大清早出门办事了，回来后给所有人带来一个好消息——街道做了大量工作，经过和其他企业的协调，安排附近的工厂就近接收他们。

"通知上没提欠薪补偿，我有一会儿失望，但很快好了。钱肯定不该街道出，冤有头债有主，是厂里欠我们工资。街道也不容易，我们原先有误会。好歹有了出路，起码不用自己找工，那几个厂都还不错。"

阿贵把通知的复印件发给大家，大家的心情看上去都不错。阿燕闻讯也赶过来，看复印件的时候却皱着眉头。我们问她担心什么，她摇了摇头，过会儿才私下对我们说："估计要从头做起了，主管是保不住的。"我们安慰她，说她能力强，换个工厂也能很快升职。阿燕表示能力是一回事，换个地方和时间就未必有机遇了，又说她大学毕业的表哥一边上班一边准备考研，她也打算沿着这条路走，不然以后弟弟上学和结婚成家要很多钱，以她现在的工作和收入肯定不行。

我们离开时，阿贵和我们在路上聊，说他妹妹听说这事以后又给他寄了几千块钱，说欠妹妹太多了。"妹妹到现在还没结婚，一个人在外地，我很担心。这次如果不是这种结果，我想过，不回老家，还是去她那边的好，相互有个照应。可现在，她还得一个人。"他与我们握手道别，并让我们"有机会帮我看看她"，"她读书虽然没我行，但特别喜欢读书，也特别喜欢读书人"。

3.4 扩展讨论：同期群效应下的农民工集体行动

当我们以为回到最初的"读书"话题就是事情的结束，几天后，我们接到了阿贵又一次的好消息。他几乎是艰难地说道："成功了！老板找到了，工资也发下来了，工厂半个月内复工！"我们也激动起来，身临其境感受到了峰回路转。他们将继续背井离乡的生活，或许会在深圳最终扎下根。我们则记录下了他们一路走来的经历。回顾整个事件，以下按 3.3 节的案例结构和叙述顺序给出扩展讨论。

在 3.3.1 小节中，阿贵的经历和想法告诉我们，农民工的受教育程度不断提高，但第二代农民工可能并不觉得自身在受教育程度方面具有优势，因为即便他们中的大专学历者也不一定能借此学历获得首属劳动市场的工作。恶劣的就业形势一如阿贵所问："我找得到说英语的工作？"

上述情况和我国少数职业教育机构的教育质量有关，也和我国高等教育和高级中等教育资源在区域与城乡分配的合理性有待进一步提高有关，最直接地，这也同我国有待进一步融合的二元劳动市场有关。但无论如何，这意味着外在个人特征不等于内在个人特征。按照对外在个人特征的理解，第二代农民工受教育程度高，必定期盼和高受教育程度相匹配的高收入，否则就会由于相对剥夺感而有所行动；而按照对内在个人特征的理解，在集体行动的个人-集体综合模型中，这里就是内在个人因素直接作用于其他情感忠诚的例子——阿贵并没有将自己定义为高受教育程度群体的一员，从而降低的相对剥夺感不仅减少了直接促成行动的不公平感，还安抚了作为行动前因的情绪，最终降低了采取行动的可能性。

事实上，阿贵的躁动更多地来自年龄，来自人生到达某个阶段之前，由于没有经历足够的失败，无法主动而充分地意识到外部世界的宏大，进而对自己进行客观定位。同乡和朋友一直是阿贵的重要参照物，"聪明"和"努力"让他有别于他们，并可能使他自己充满信心，但"考不上大学"又让他回到原点。高考的失利和眼界局限还让他固执地认为，无论怎样努力都无法向上流动，实现阶层跨越。可以预计的是，这一逻辑下，一次重大的失败会引起人生的全面转向，一次不那么严重的失败也会引起人生的某些认知变化，积累越来越多，同样会成为大部分人年长后失去锋芒、心态平和的原因。我们足以想象一个中年的阿贵。

在 3.3.2 小节中，阿燕的例子告诉我们，女性农民工并不一定就是集体行动的追随者，她们在职场中也并不一定是温和、顺从的，即便她们可能出生和成长在重男轻女的家庭，并在家庭中任劳任怨，承担了许多。外在个人特征很多时候不能说明问题,甚至很多时候是在按相反的方向说明问题。在性别这一点上,我们甚至可以推测,由于重男轻女的不利环境,女性尤其女性农民工,拥有远比同龄男性更早熟的个人特征,她们细心谨慎、踏实勤恳,也往往并不一定缺失自信。这导致她们在合适的岗位上更容易获得升迁,从而能在更早的年龄拥有职场话语权,而考虑到成员地位对群体决策的影响,阿燕在讨薪行动中的作用和地位也就可以理解。

在3.3.3小节中,农民工在城镇的生活是艰难的,生活环境和他们梦想中的大都市也许大有不同。他们中的不少人生活在类似城中村的地方,这样一些"脏、乱、差"的地方和繁华的、属于"城里人"的市中心可能只隔几条马路。这是城镇化之痛,无论从空间的城镇化还是人口的城镇化来讲,都是当代中国社会变迁中痛苦的阶段和过程。

不仅生活上如此,工作上,无论他们过去的成长经历,也无论他们相互之间的比较和评价,他们在城镇中都逐渐蜕变为吃苦耐劳的劳动者,这既包括不那么吃苦耐劳的年轻男性,也包括非常吃苦耐劳的年轻女性。而这并不像我们通过统计分析得出的结论,原因在于,六城市农业转移人口调查的数据实际上只说明了第二代农民工样本劳动强度更低,但对工作劳动强度的满意程度却更低,而无法说明其他——愿不愿意吃苦和能不能耐劳,是两回事,并且随着社会变迁,需要人工付出高劳动强度的许多工作都被机器替代,或由机器辅助。

他们只为获得一份养家糊口的工作常年加班,很多人都留下了职业病。随着年龄的增长,他们中的年轻人家庭负担也在增长,他们需要更多的收入——这绝非"能拿到比种田多的报酬即可",也无关"向往体面或接近市民的工作",只是为通货膨胀下的生计考虑。所以这既是一个年龄效应问题,也是一个和社会变迁有关的代际效应问题。

第二代农民工对首属劳动市场上"好"工作的向往则是可以理解的,但这不能成为他们标志性的个人特征,因为第一代农民工也向往,城镇市民也喜欢。这更不会影响到他们的行动选择,因为初级的微观经济学就告诉我们,即便需求这种东西,也按人们支付能力的有无从而有有效需求和无效需求的区分。想法可以有千千万万,但大部分想法既没有研究价值,也没有研究的可能。随着社会变迁,当经济在生活中变得越来越重要,人们对好工作的一致向往也就是寻常事了。

至于第二代农民工更重视相对剥夺感进而"患寡而更患均",现在看来就有了新的解释。在工资收入方面,制造业拥有比建筑业更低的均值和标准差,后者不仅代表更小的收入差距,也意味着更低的风险和不确定性——即便如此,阿贵和阿燕所在电子厂的老板还是"跑路"了,拖欠工资三个月之久,并且在讨薪行动之前没人有把握追讨得回来。对农民工而言，收入的多少诚然重要，但更重要的是收入来源的安全——这超出了"稳定"所能描述的范围。

我们甚至在其中也看到了第二代农民工和家乡农村并不弱的联系：尽管面子上还为当年的发财梦过不去，但阿贵和父亲的交流是频繁的，父亲对他的影响甚至是无时无刻不在的；他的婚姻也紧紧和家乡农村捆绑，事情是由他在家乡农村的父母决定的，他自己没有丝毫不愿意，而妻子也是他同村的。定量分析中汇款的多少也许不能说明太多问题，即便第二代农民工真在汇款的绝对数额和相对比例上低于第一代农民工，那也只不过表明，他们所在的主干家庭内部对收入有着不同的再分配方式，而无法表明他们和留在家乡农村的主干家庭成员以及家乡农村本身没有联系。与之类似，定量分析中的务农经验尤其务农年限更不足以说明这一问题，因为这首先必须排除年龄的直接影响。其次，考虑到农业技术的日新月异，传统的务农经验和过去的务农年限也许在评判相关能力上不具说服力。最后，即便拥有丰富的务农经验，也未必会在家乡农村务农和留守。这里，至少农业技术的进步和主干家庭内部收入再分配方式的变化同样与社会变迁有关。这正如阿贵的父亲，一个被儿子形容为"老头子"的第一代农民工，用电话和短信，正在学习使用微信，社会变迁改变了许多刻板印象，带来了许多不可思议的变化。

在社会变迁的宏大背景中，农民工生活和工作艰难，企业的生存和发展也同样艰难。工资拖欠是讨薪行动的具体外部情境，但这一具体外部情境同样嵌套于社会变迁的宏大背景中，这是更广阔但并不更加抽象的外部情境。虽然它超出了本书的研究范围，以至于我们没有将其放入集体行动的个人-集体综合模型，但那主要是因为它过于复杂而且不可控，并不是否认它的重要。实际上，它一直是最重要的，其作用渗透在模型的每一个环节和方面。

在3.3.4小节中，讨薪行动"一盘散沙"，并且半途而废。失去工厂的组织管理，又由于成员价值取向和性格的分歧，在目标也存在分歧的情况下，行动的失败其实可以预期。我们注意到从众和独立并不和性别显著相关，身为女性的阿燕也非常独立，而那些和阿贵"称兄道弟"的男性，很多却是从众甚至"没有主意"的。从众和独立并不和受教育程度显著相关，阿燕的受教育程度不如阿贵，但和阿贵显示了一致的高度独立，甚至阿燕在独立性上更突出，这表现在她对资方的宽容和理解上，甚至表现在她对阿贵时常一分为二的看法上。从众和独立也和年龄不相关，不存在年轻人更加从众、年长者更加独立的显著事实，当然也没有相反的显著事实。价值取向则更加难以和外在个人因素直接挂钩。我们倾向于认为，许多内在个人因素和外在个人因素之间没有确定的联系。但这要除去个别，如在"下跪"这种事的态度上，以及在人际交往的语言技能运用上，第二代农民工明显和第一代农民工存在差异。我们倾向于认为，这些差异都或多或少和年龄效应有关，其中也涉及受社会变迁影响的代际效应。

这里还要谈行动的选择次序。对阿贵等来说，行动的次序似乎可被整理为，首先忍耐，然后找老板，老板"跑路"找政府，不能解决才集体行动——虽然事实上该次行动"一盘散沙"。鉴于阿贵在2015年并没有冲到讨薪行动第一线，我们认为他的行为基本符合一个循规蹈矩、遵纪守法的普通家庭出身的年轻人的行为模式，这是他在成长过程中受到的正规教育和生活中的潜移默化导致的。但是最重要的，他没有在这方面的丰富经历，而他同事恰好也没有。可想而知，当换了人物、时间、地点、情境，每一种改变都可能引起不同的结果。但有一点是无法否认的，阿贵这样的年轻人在第二代农民工中是主流，这有中国优秀的传统文化原因，也和中国义务教育的成功普及有关，归根结底是由时代塑造的。

在3.3.5小节中，行动的失败让工人们很快改变了诉求，相比尽快找到一份替代的工作以维持收入，能否拿回拖欠的薪水变得不再那么重要，工厂复工更不再是大家关心的话题。对后者，他们的逻辑也许是，在哪里都是一样工作挣钱，不同地方的工作只能提供相同的有限收入，而不能在收入之外提供更多，因为所有这些工作都局限于次属劳动市场——至少，他们中的大多数人以实际行动表达了对此的深信不疑。而劳动市场的二元分割势必延伸到社会生活中，群体和阶层的跨越对很多人来讲也应该是同样的不可思议。至于为什么拿回拖欠的薪水不再重要，原因或可从第二代农民工与日俱增的城镇生活压力中寻找，这里首先的问题是日益高涨的房价和房租。婚姻和生育随年龄的增长难以避免，居住难的问题在第二代农民工及其家庭中尤为突出。对很多人而言，这是他们在城镇生活和工作的一项最大支出，对更多人而言，这甚至远远超过了他们和他们所在主干家庭的全部承受能力。如此沉重的负担或者预计中负担的沉重让收入的安全变得格外重要，有持续的收入才能谈未来，而过去的就让它沉没。他们不自觉地使用了沉没成本的经济学概念，在理性方面，他们中的每一个都堪称"企业家"，谨慎经营着自己和家庭。在集体行动的个人-集体综合模型中，这被我们理解为广义上的其他应对劣势的策略。此处"劣势"并非指工作拖欠这一具体外部情境，而是农民工艰难生活其中的整个社会时代背景。与此同时，这一社会时代背景还作用于他们行动的情绪前因和后果：情绪前因方面，许多别的出路的存在抑制了他们的愤怒；后果方面，失败让敏感的他们很快做出了判断，关于已经采取的行动的效能以及对自己从属于弱势群体身份的认同。这些因素之间的反馈让诉求的变化更为迅速，只不过，经历过高考不顺利的阿贵在考虑返乡的可能，没读多少书的阿燕则仍寄希望于读书对命运的改变，这就和他们由成长经历塑造的个人特征有关。然而无法否认，个人的成长经历却是一个又同社会变迁无法脱离关系的话题。

在3.3.6小节中，由于街道的帮助，阿贵他们获得了新的工作机会。他们普遍对此感到满意，甚至不少人庆幸接受他们的工厂都很不错。这时他们已经差不多忘记了被拖欠的薪水，即使阿贵"有一会儿失望"，但很快被对新生活的憧憬取代。

他们的诉求一再降低，我们将此理解为审时度势的理性调整。在这一过程，他们对自己从属于弱势群体的身份进一步认同，也对基层政府有了重新认识，进而调整了对相应行动方式的效能评估。在阿贵身上，我们还看到了一如阿燕对人对事的宽容和理解，这也许正是他认为"无用的"教育和日常生活耳濡目染的力量。而教育无用论也许并非他内心的真实想法，这一切体现在他对我们访谈人员的尊重里，也体现在他对妹妹的最后描述中。他和阿燕的人各有志，只是身处社会变迁时代洪流中不同的选择，而非内心深处的想法。

至此，我们也得到了关于第二代农民工典型形象的修正——他们出生和成长于改革开放以后，拥有比第一代农民工更高的受教育程度，但他们自己未必觉得这样的受教育程度是足够的；相较而言，他们似乎更排斥需要吃苦耐劳的工作，但想法和行动可能是两回事；他们在城镇开支更大从而似乎更追求生活质量，但更大的开支可能同消费的生命周期和社会变迁有关，而没有关于对生活质量的追求；他们更喜欢首属劳动力市场上的"好"工作，但这不能构成他们与第一代农民工的区别，多数人分得清楚希望和现实；他们看起来更重视相对剥夺感从而"患寡而更患均"，但这其实反映的是他们对收入安全的迫切需要和沉重的生活压力；他们似乎和家乡农村的经济联系较弱，但这可能只是因为时代不同，他们所在的主干家庭内部对收入有着不同的再分配方式；除此之外，他们和城镇居民交往得更多从而看起来对城镇的认同感更强，他们在人际交往中也更为频繁地使用现代通信手段，但至少就后者而言，得益于社会变迁中的科技进步，同样的情形也在第一代农民工身上出现了。

3.5 本章小结

本章首先探讨集体行动的社会认同模型的缺陷，并进一步分析以其为基础演化而来的包含规范和非规范集体行动的动态模型的改进与不足，提出个人因素与当时的环境共同决定了人们是否参与到集体行动中去，由此得到了集体行动的个人-集体综合模型。为检验该模型的细节，本章以第二代农民工及其集体行动为例，详细探讨了异质的个人特征和行为决策间的关系，并加入情境分析，将变迁的社会与改变的个体相联系，在当代中国社会变迁的宏大背景中，以案例方式研究同期群效应下农民工维权的集体行动，在甄别年龄效应和代际效应的基础上，尝试以此说明上述模型的意义。

第2章提出的主要观点是，尽管农民工集体行动产生的具体原因可以有很多，但从动态视角看，集体行动只是他们权益维护行动选择集中的一种，当他们出于某种理由放弃其他的全部选择而认为必须有所行动，集体行动由此产生。本章在此基础上,确认了个人因素和情境对他们选择的重要性,并将个人因素划分为外在个人因素和内在个人因素,将情境也划分为外部情境和内部情境,还将对情境的讨论扩大到社会变迁的宏大背景。鉴于此,我们姑且使用"同期群效应"以描述年龄效应和代际效应的混合交织,虽然这样的定义并不严格。在这一点上,我们的主要观点是,社会变迁不仅直接贡献于农民工个体的改变,还塑造和影响了农民工具体集体行动事件的外部情境和内部情境,从而最终作用于农民工集体行动的演变。这让我们可以开始客观理性地思考,中国近年来频发的农民工群体性事件最终解决出路何在。

第4章 策略与农民工集体行动的终结

4.1 不参与：参与的另一面

如本书开篇所述，时至今日，中国仍有数以亿计的农村剩余劳动力未能彻底市民化，当他们在生活和工作中的权益遭到侵害，他们将选择各种形式的权益维护行动，其中的集体行动给社会管理和社会稳定带来了一定冲击。由此，研究农民工的集体行动参与决策就有了必要，而农民工的集体行动不参与如果普遍出现，将导致该社会问题直接走向终结。从这个意义上讲，研究"不参与"比研究"参与"更为重要，这是促成本章对农民工的集体行动侧重于从不参与角度尝试做出解释的原因。

虽然研究"不参与"的基础和起点依然是"参与"，但至少在农民工的集体行动问题上，"不参与"现象很少受到关注。事实上，在很多存在不公平和歧视的场合，大部分人都会消极接受自身的处境，而那些有所行动以改善自身处境的人往往也更倾向于采取个人策略而非集体策略（Wright et al.，1990）。从实际发生的事件数量上看，农民工的集体行动参与相较于不参与也处于劣势，如在2010年一项对珠三角和长三角的农民工调查显示，仅有2.84%的受访者在调查前一年参加过维权行动（梁宏，2013）。

从某种意义上讲，"不参与"就是"参与"的另一面，所以致力于解释人们集体行动参与的理论基本上都可以用来对人们的集体行动不参与进行解释，但这些反面的解释只能帮助我们抽象地理解集体行动的不参与。为此，Klandermans 和 van Stekelenburg（2014）进行了开创性的研究，提出动力缺乏和不支持的环境能充分解释人们的集体行动不参与。但由于和参与一样，人们对集体行动的不参与也是一个动态过程，该项研究较之于复杂的现实，更像是提纲挈领式的抛砖引玉之作。本章试图在此框架下，重点结合公平理论从动力角度出发，根据中国现实进行一些实证研究，以期对集体行动领域关于人们集体行动不参与的现有理论进行检验和补充。此外，就本章公平角度研究的现实意义看，改革开放以来，农民工作为我国工人的重要组成部分，为我国经济社会的发展做出了巨大贡献，然而由于历史原因，现阶段他们同时又是我国弱势的社会群体。我们必须在理论上牢牢把握社会公平正义，在实践中大力促进社会公平正义，通过积极的制度创新，克服针对农民工的各种有违公平正义的现象，维护他们的应有权利。

4.1.1 理论分析和假设提出

如前所述，在很多存在不公平和歧视的场合，消极的"不行动"往往是更多人的选择，即使部分人选择了"行动"，在接下来对"个人行动/集体行动"的选择中，人们也通常会出于改善个人状况而非集体状况的目标而选择"个人行动"，进一步，纵使人们选择了"集体行动"，中途退出也是常有的事。借鉴并修改自Wright（2009）对不满的反应的分类，人们至少可以在图4-1的三个节点选择，导致共同的集体行动"不参与"的路径。

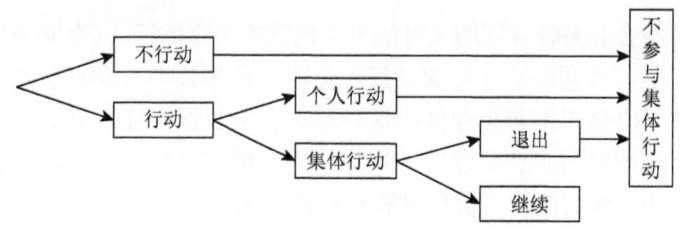

图4-1 对不满的反应和集体行动的不参与

为研究的方便，在图4-1中，集体行动被简化为一个黑箱。首先，考察第一节点。我们之前曾提到，不满是集体行动领域分析框架的基础因素之一。在此，公平理论曾被应用于解释不满和人们的抗争之间的关系，即不公平感对人们的"行动"具有正向意义，即公平感将促使人们选择"不行动"进而"不参与"。再考察公平的分类，分配公平指的是结果公平，程序公平指的是决策程序的公平，人们对两种公平的感受之间可能存在交互作用，共同影响他们的选择。其次，考察第二节点。以人们拥有分配公平感和程序不公平感的情境为例，即使后者对"行动"的激发没有被前者抵消，然而考虑到一旦参与集体行动，就可能失去自主权和个人控制——即使有时无论采取任何形式的行动，个人和企业关系的改变都不可避免，但人们也可能更倾向于选择较为自主和可控的"个人行动"而非"集体行动"（Blader，2007），从而导致"不参与"的出现。最后，关于人们在第三节点的选择，因为本章对集体行动进行黑箱处理，暂不讨论。

至此，我们从理论上初步分析了公平和人们集体行动的不参与之间的关系。简言之，对人们集体行动的不参与，公平感的影响不可忽视，但考虑到公平有程序公平和分配公平之分，应当进一步考察两种公平感的作用。在此，本章将首先分析程序公平感的影响。不过，由于本书所使用的调查数据没有直接涉及该问题，我们初步打算用样本与企业签订劳动合同的状况替代它，其逻辑是，与劳动者签订合同的企业可能更遵守《劳动合同法》，劳动者也许因此体验到更强的程序公平，从而在第一节点选择"不行动"。这一逻辑被称为合同的愤怒路径[1]，我们由此提出假设 1.1。但从第二节点看，由于不同类型合同下劳动者集体行动和个人行动的相对成本与收益不同，合同也有可能是从效能路径影响劳动者的决策。这一逻辑下，签订合同就有可能改变劳动者的集体行动不参与倾向。由此，我们提出基于合同的效能路径的假设 1.2，而假设 1.1 也受到这一路径的支持。

假设 1.1：与企业签订合同的人可能更多地不参与集体行动（合同的愤怒路径/效能路径）。

假设 1.2：与企业签订合同的人可能更少地不参与集体行动（合同的效能路径）。

然而现实中，合同的签订可能只代表企业对程序公平实施的承诺，劳动者对程序公平的体验固然可能与企业做出这种承诺有关，但或许其更依赖于他们在遇到每一个具体问题时与企业交涉的过程和结果，所有这些具体问题的解决构成了他们的在职经历，他们据此评价自身和企业的关系。由此，我们提出假设 2.1，其背后的逻辑被称为关系的愤怒路径，适合于分析劳动者在第一节点的选择。与此同时，注意关系不仅反映过去和描述现在，也预示着将来，由关系而诞生的关系资本[2]，将改变劳动者在第二节点选择集体行动和个人行动的相对成本-收益状况，从而改变他们的集体行动不参与倾向。由此，我们提出基于关系的效能路径的假设 2.2，而假设 2.1 也受到这一路径的支持。

假设 2.1：与企业关系好的人可能更多地不参与集体行动（关系的愤怒路径/效能路径）。

假设 2.2：与企业关系坏的人可能更多地不参与集体行动（关系的效能路径）。

至于程序公平和分配公平的交互作用，Tyler 和 Smith（1998）曾就人们的社会运动提出，程序公平相较于分配公平更为重要，这也是本章首先分析程序公平感的原因。但他们未曾对此进行检验，而 Blader（2007）的相关工作到目前为止依然是孤证，我们并不肯定其成立。考虑到我国现实的特殊性，主要是

---

[1] 在 van Zomeren 等（2008）提出的工具理性和群体愤怒的双路径模型中，工具理性路径包括群体效能和行动支持，群体愤怒路径包括不公平感和社会观点支持。由于本章实证部分对因变量的界定，行动支持不在我们的考虑范围，又由于数据缺乏，本章对社会观点支持也不进行分析。此外，本章着重研究集体行动的不参与，不参与本身即表现为一种个人行动而非集体行动，故而群体效能被我们改为效能，群体愤怒被我们改为愤怒，相应的路径也去掉"群体"而被称为效能路径和愤怒路径。这里的效能更多地指个人化的成本-收益，愤怒也更多地指个人的不公平感。事实上，在集体行动研究领域，个人化的成本-收益从来没有淡出研究者的视野，如集体行动动机中的奖赏动机；而个体剥夺感和个人行动相关，群体剥夺感则不必然引发集体行动（陈浩等，2012）。本章更多地从个体而非群体角度进行分析是合理的。

[2] 关于"关系诞生关系资本"以及关系资本和社会资本的区别，参见翟学伟（2009）的研究。

现阶段"工人的行动尽管存在着个体/集体之分,其诉求也包含权利/利益/制度几个层面,但本质上他们都是作为市场参与者争取自身的利益"(汪建华,2013),我们认为对农民工的集体行动而言,分配公平如令人满意的工资待遇,反而相较于程序公平更为重要,这可能表现为分配公平感的调节效应。但为严谨起见,我们也将检验反过来的情况,即程序公平感的调节效应。由此提出假设3.1和假设3.2。

假设3.1:用于反映分配公平感的工资评价调节了程序公平感和集体行动不参与的关系。

假设3.2:程序公平感调节了用于反映分配公平感的工资评价和集体行动不参与的关系。

4.1.2 数据和变量

为检验上述假设,我们仍旧利用2010年的湖北省流动人口动态监测数据。调查描述见第2章。变量设置方面,因变量集体行动也同第2章,其余变量解释如下。

第一,合同变量。问卷询问了受访者"您与目前工作单位签订何种劳动合同"问题,备选回答为"有固定期限合同""无固定期限合同""完成一次性工作任务""试用期""其他""未签订劳动合同""不清楚"。由于该原始分类中,751个农民工样本里,"完成一次性工作任务""试用期""其他""不清楚"项分别仅有1.3%、0.4%、2.9%、2.0%的受访者选择,我们选择在比例进而现象上更有价值的"有固定期限合同"(32.5%)、"无固定期限合同"(9.6%)和"未签订劳动合同"(51.3%)进行以下分析。经此处理,本章所使用的样本量剩余701个。第二,关系变量。该变量即第2章中的个人行动变量,但由于研究目的不同,本章使用该变量的原始名称。这样做的好处是,第2章实际上仅从关系的效能路径展开分析,本章则充分考虑到愤怒路径和效能路径可能的另一个方向,从而亦是对第2章相关结论的更详细探讨。第三,工资变量。该变量即第2章中的不公变量,但由于研究目的不同,本章使用该变量的原始名称。第四,本章的分析还将控制样本的年龄、年龄的平方、受教育程度。其中,关于受教育程度,考虑到原始分类中"未上学"比例仅占0.4%,我们将其和"小学"合并为"小学及以下",同理,由于原始分类中"本科"比例仅占0.7%,而"研究生"的比例为0,我们将这二者与"大专"合并为"大专及以上"。此外,我们没有将通常使用的性别、工作经验和技能变量放入模型,因为性别变量并非本节关注的重点,其作用经检验亦不显著,而农民工的职业流动性又决定了工作经验和技能变量在衡量上的困难,且其不放入回归也不影响主要结论。

表 4-1 列出了变量描述，包括虚拟变量基组。表 4-2 列出了自变量的相关矩阵。其中，初中和高中的 Spearman 相关系数达到 -0.547 并在 $p<0.01$ 的水平上显著，但对此显然无须考虑太多。其他相关系数的值则均未超过 0.5。

表 4-1 变量描述：合同、关系、工资评价与集体行动

变量	含义	注释	均值	标准差	类别比例
CA	集体行动	参与 = 1	1.81	0.849	47.1%
		不确定 = 2			24.5%
		不参与 = 3			28.4%
C_1	有固定期限合同	有固定期限合同 = 1	0.35	0.477	34.8%
C_2	无固定期限合同	无固定期限合同 = 1	0.10	0.304	10.3%
C_3	未签订劳动合同	未签订劳动合同 = 1	0.55	0.498	54.9%
R	关系	非常好 = 1	2.54	0.697	5.8%
		比较好 = 2			39.5%
		一般 = 3			50.4%
		不太好 = 4			3.4%
		非常不好 = 5			0.9%
W	工资待遇	工资待遇太低 = 1	0.44	0.496	43.8%
Age	年龄	（岁）	32.92	8.212	—
Edu_1	小学及以下	小学及以下 = 1	0.11	0.311	10.8%
Edu_2	初中	初中 = 1	0.65	0.478	64.8%
Edu_3	高中	高中 = 1	0.14	0.347	14.0%
Edu_4	中专	中专 = 1	0.07	0.248	6.6%
Edu_5	大专及以上	大专及以上 = 1	0.04	0.193	3.9%

注：$n=701$，部分数据因计算时四舍五入合计不为 100%

表 4-2 相关矩阵：合同、关系、工资评价与集体行动

	项目	1	2	3	4	5	6	7	8	9
1	Age	1.000								
2	Edu_2	0.133**	1.000							
3	Edu_3	−0.192**	−0.547**	1.000						
4	Edu_4	−0.170**	−0.359**	−0.107**	1.000					
5	Edu_5	−0.089*	−0.271**	−0.081*	−0.053	1.000				

续表

项目		1	2	3	4	5	6	7	8	9
6	C_1	−0.024	−0.119**	0.068	0.060	0.087*	1.000			
7	C_2	−0.012	0.013	0.026	−0.033	0.054	−0.247**	1.000		
8	R	0.094*	0.097*	−0.004	−0.089*	−0.077*	−0.093*	0.045	1.000	
9	W	0.123**	0.055	0.001	−0.002	−0.102**	−0.029	−0.071	0.295**	1.000

*表示 $p<0.05$，**表示 $p<0.01$
注：$n=701$

4.1.3 模型和结果

1. 对假设 1.1 和假设 1.2 的检验

将集体行动作为因变量，将有固定期限合同、无固定期限合同作为自变量，并放入控制变量年龄、年龄的平方、初中、高中、中专、大专及以上，采用多分类 Logistic 回归进行分析。表 4-3 列出了回归结果。似然比卡方检验的 p 值为 0.063，说明模型整体是显著的。自变量中，年龄、年龄的平方、有固定期限合同分别以 $p=0.010$、$p=0.010$、$p=0.064$ 通过了似然比检验，其余自变量未通过似然比检验。

表 4-3 劳动合同对集体行动参与的影响

集体行动 CA		系数	标准误	优势比
不确定	截距	2.416*	1.401	
	Age	−0.195**	0.083	0.823
	Age^2	0.003**	0.001	1.003
	Edu_2	0.299	0.333	1.348
	Edu_3	0.493	0.403	1.637
	Edu_4	0.451	0.475	1.569
	Edu_5	−0.414	0.651	0.661
	C_1	−0.461**	0.212	0.631
	C_2	0.041	0.316	1.042
不参与	截距	2.942**	1.347	
	Age	−0.215***	0.080	0.806
	Age^2	0.003***	0.001	1.003
	Edu_2	0.204	0.295	1.226
	Edu_3	−0.109	0.387	0.897

续表

集体行动 CA		系数	标准误	优势比
不参与	Edu_4	−0.324	0.493	0.723
	Edu_5	−0.333	0.561	0.717
	C_1	−0.308	0.199	0.735
	C_2	−0.066	0.314	0.936

*表示 $p<0.1$，**表示 $p<0.05$，***表示 $p<0.01$。
注：结果为多分类 Logistic 回归分析，$n=701$；集体行动 CA 的参考类别为"参与 CA=1"

观察表 4-3 可以发现，年龄和年龄的平方的影响在所有时候都是显著的，随着年龄的增长，样本的不参与倾向有先降后升的趋势。并且，根据一次项和二次项系数的相关比值计算，这种先降后升的转折分别发生在 32.5 岁和 35.8 岁。这和我们对年龄常识的理解一致，该年龄组的人通常被形容为"年富力强"，根据挫折-攻击理论和有关劳动者市场势力的分析（刘传江等，2012）让他们无论从愤怒路径还是从效能路径，都将更倾向于参与集体行动而非相反。另外，一如之前未通过似然比检验，此处受教育程度变量的影响均不显著。一个可能的解释是，农民工身处次属劳动市场，工作性质决定了他们往往不需要经过太多学校的正规教育训练，或者说，由于局限于次属劳动市场，更多地接受学校的正规教育对农民工状况的改善并没有太大帮助，这导致他们之中受教育程度不同的人对改善现有状况的努力没有太大分别，包括对以集体行动维权这种努力的态度。

再观察合同的影响。表 4-3 显示，和未签订劳动合同的样本相比，有固定期限合同的样本更倾向于参与而非不确定，即和企业签订有固定期限合同降低了农民工的集体行动不参与倾向。从效能路径分析，以人们在第二节点的选择为例，比较和企业签订有固定期限合同的人和未签订劳动合同的人：从成本角度看，未签订劳动合同的人不受合同保护，选择集体行动很有可能失去工作，集体行动相比个人行动成本高；从收益角度看，未签订劳动合同的人无合同依凭，选择集体行动成功的可能性较小，集体行动相比个人行动未必收益高。这意味着未签订劳动合同的人往往由于较坏的集体行动成本-收益状况而更倾向于不参与集体行动。进一步，考虑到有固定期限合同在全部签订劳动合同的情况中占比超过 3/4，即一般情况下，合同可能都是从这一效能路径影响农民工的决策的，此即假设 1.2 的逻辑。

那么，如何解释与企业签订无固定期限合同的影响不显著？原因可能在于，无固定期限合同是一种较为特殊的合同，人们往往认为这种合同具有很强的稳定性，而稳定性对迁移流动中的农民工尤其是希望在城镇安家落户和市民化的农民工，无疑具有吸引力。照此推断，理论上，他们一旦和企业签订无固定期限合同，违约的代价就不可被忽略。参与集体行动虽然不总等于违背合同，但人们有理由担心因此造成实际上的违约，这将改变集体行动的成本-收益状况，增加农民工对参与集体行动的犹豫，更确切地，这或许意味着假设 1.1 的效能路径成立——但遗憾的是，本书暂无法证实这一点。与此同时，现实中，无固定期限合同的强稳定性又是受到争议的。上述两方面的原因可能使得，即便和企业签订了无固定期限合同，农民工个体面临的合同的真实状况和集体行动的成本-收益状况可能差别甚大，当同未签订劳动合同比较，他们也许难以在集体行动的参与上显示出较为一致的不同。

然而，在此可能有争论说，假使无固定期限合同的强稳定性是真实的，那么由于这一强稳定性针对劳资双方，鉴于任何一方违约都将付出较大代价，企业提供更好的程序公平不足为奇，农民工则将因此体验到更好的程序公平从而更倾向于不参与集体行动，这就是假设 1.1 的愤怒路径。由于数据的局限，我们无法肯定这一逻辑的成立。首先，劳动合同的签订至多只代表企业对程序公平实施的承诺，这种承诺在很多时候没有被有效执行，因为企业不一定遵守劳动合同，并且这种承诺本身对程序公平的涵盖也不可能是完全的，多维性决定了完全的劳动合同只存在于理想中；其次，如前所述，无固定期限合同的强稳定性是受到争议的，实际上更像人们的幻觉，何况强稳定性也不一定意味着更好的程序公平。

此外值得一提的是，蔡禾等（2009）经实证研究认为，与企业签订合同的农民工有机会通过内部协商解决劳动纠纷，因此参加利益抗争行为的可能性会下降。首先，本书对合同类型有所区分，如果本书所使用的调查数据中无固定期限合同比例高，而且特别地，这些无固定期限合同的真实状况接近于理想，或者由于时空因素调查中其他类型合同的真实状况也更接近于这种理想，那么依照未经证实的假设 1.1 的逻辑，本书预计也可以得到相似结论，进而完成对假设 1.1 的论证。然而，对合同类型不加以区分似乎是欠缺谨慎的做法，当然这是指在数据允许的情形下。其次，该观点中的"与企业签订有合同的农民工有机会通过内部协商解决劳动纠纷"更像是在陈述农民工凭借"与企业签订有合同"的"关系"在第二节点选择成本-收益状况更好的个人行动即"内部协商"而非集体行动以达成目的。对关系问题的讨论详见下面论述。

2. 对假设 2.1 和假设 2.2 的检验

本小节仍旧将集体行动作为因变量，将有固定期限合同、无固定期限合同作为自变量，增加关系作为自变量，并放入控制变量年龄、年龄的平方。受教育程度变量不再进入回归，原因见对假设 1.1 和 1.2 的检验。以下采用多分类 Logistic 回归进行分析，表 4-4 列出了回归结果。似然比卡方检验的 p 值为 0.000，说明模型整体是显著的。自变量中，年龄、年龄的平方、有固定期限合同、关系分别以 $p = 0.012$、$p = 0.013$、$p = 0.045$、$p = 0.001$ 通过了似然比检验。

表 4-4 关系对集体行动参与的影响

集体行动 CA		系数	标准误	优势比
不确定	截距	2.479*	1.355	
	Age	−0.218***	0.083	0.804
	Age²	0.003**	0.001	1.003
	C_1	−0.432**	0.211	0.649
	C_2	0.031	0.314	1.031
	R	0.255*	0.140	1.290
不参与	截距	3.281**	1.317	
	Age	−0.186**	0.080	0.830
	Age²	0.003**	0.001	1.003
	C_1	−0.396**	0.198	0.673
	C_2	−0.079	0.313	0.924
	R	−0.322**	0.134	0.725

*表示 $p<0.1$，**表示 $p<0.05$，***表示 $p<0.01$
注：结果为多分类 Logistic 回归分析，$n = 701$；集体行动 CA 的参考类别为"参与 CA = 1"

观察表 4-4 可以发现，年龄和年龄的平方的影响如前。样本的不参与倾向先降后升的转折虽然稍有改变，分别为 36.3 岁和 31 岁，但基本仍属同一年龄组。同样地，和企业签订有固定期限合同仍然降低了农民工的集体行动不参与倾向：和未签订劳动合同的样本相比，有固定期限合同的样本更倾向于参与而非不确定，并且，也更倾向于参与而非不参与。不过这里，我们感兴趣的是样本和企业的关系对其不参与集体行动倾向的影响。表 4-4 中，当在"不确定"和"参与"中进行比较，随着 R 值的增加即和企业的关系变坏，样本更倾向于前者；当在"不参与"和"参与"中进行比较，随着 R 值的增加即和企业的关系变坏，样本更倾向于后者。

考察人们对自身和企业关系评价的实质。如前所述，农民工的程序公平感，也许真正依赖于他们在劳动关系的实践中，遇到每一个具体问题时与企业交涉的过程和结果，所有这些具体问题的解决构成了他们的在职经历，他们据此评价自身和企业的关系。上述回归结果中，随着 R 值的降低即和企业的关系变好，样本更偏好"不参与"而非"参与"，这也许是因为和企业的良好关系代表了样本截至目前对程序公平的良好体验。意即，农民工和企业的关系可能反映了其程序公平感，和企业关系好的人相比和企业关系不那么好的人，也许由于程序公平感更强而更倾向于不参与集体行动，这就是假设2.1的愤怒路径。

但如前所述，假设2.1的愤怒路径更适合于分析劳动者在第一节点的选择。因为关系不仅反映过去和描述现在，而且预示着将来，所以源于关系的关系资本会改变劳动者在第二节点进行不同选择的成本-收益相对状况，从而改变他们的集体行动不参与倾向。此效能路径同样可被用于解释上述回归结果：和企业关系好的人拥有更多的关系资本，更多的关系资本让个人行动往往就能解决问题，相较而言，集体行动不仅前景不明，还有可能破坏关系和损失关系资本，导致未来个人行动在解决其他问题上的失效。并且，前述理论探讨中，与企业签订无固定期限合同也许会增加农民工对参与集体行动的犹豫，其背后也可能存在基于关系的这种效能路径解释：签订无固定期限合同的农民工往往可以考虑选择依靠借由这种稳定关系积累形成的关系资本，以成本-收益状况更好的个人行动解决问题。①

当然，由关系而诞生的关系资本对劳动者在第二节点进行不同选择的成本-收益状况的作用也有可能是从相反的方向施加，这意味着和企业关系好的人可能由于更好的集体行动成本-收益状况而更多地参与集体行动，反过来，和企业关系坏的人可能由于更坏的集体行动成本-收益状况而更多地不参与集体行动。观察劳动者在第二节点的选择：①和企业关系坏的人可能面临一个两难处境，由于缺乏关系资本，他们选择个人行动成功的可能性小从而收益不佳，同样由于缺乏关系资本，他们选择集体行动则很有可能失去工作从而成本不佳。这种情况下，"不确定"也许成为他们的最优选择。②当和企业的关系更坏因而更缺乏关系资本，他们选择个人行动可能没有什么收益，但比起同样可能没有什么收益还会让他们失去工作的集体行动，个人行动在成本方面也许更占优势，此时"不参与"将成为最优选择。为表述方便，我们将关系的这一作用方向称为关系的效能路径Ⅱ（关系越坏，集体行动相比个人行动的成本-收益状况越坏，越不参与集体行动）。与之相对，我们将上一段中关系的作用方向称为关系的效能路径Ⅰ（关系越好，个人行动相比集体行动的成本-收益状况越好，越不参与集体行动）。相关分析详见下文论述。

3. 对假设3.1和假设3.2的检验

对程序公平和分配公平的交互作用，我们提出了假设3.1和假设3.2。我们所使用的数据中，反映样本分配公平感的变量"工资待遇"是一个哑变量，反映程序公平感的变量最终被确定为"关系"——诚然"关系"的作用不仅是沿着愤怒

---

① 尽管表4-2没有显示关系和无固定期限合同的显著相关性，但这可能只表明，无固定期限合同的特殊性没有被和企业签订该类合同的样本作为评价自身与企业关系的指标之一。

路径，其效能路径的双向作用也是我们感兴趣的。另外为使结论简明，以下舍弃控制变量年龄和未通过愤怒路径检验的合同变量。

首先检验假设 3.1，即分配公平感对程序公平感和集体行动不参与之间关系的调节效应。由于自变量程序公平感"关系"是一个连续变量，调节变量分配公平感"工资待遇"是一个哑变量，以下进行分组回归。按调节变量"工资待遇"的取值将数据分组，做因变量"集体行动"对自变量"关系"的多分类 Logistic 分析，并且，为使结论更具解释性，我们将"关系"标准化处理为"关系（标准化）"（ZR）。回归结果显示，两组方程似然比卡方检验的 p 值分别为 0.001 和 0.030，模型整体显著，"工资待遇"变量具有调节效应。自变量"关系（标准化）"也分别以 $p = 0.001$、$p = 0.030$ 通过了似然比检验，表 4-5 则显示其对因变量"集体行动"有显著的预测作用。

表 4-5 分配公平感的调节效应

工资待遇 W	集体行动 CA		系数	标准误	优势比
0	不确定	截距	−0.427***	0.122	
		ZR	0.200*	0.119	1.221
	不参与	截距	−0.628***	0.135	
		ZR	−0.313**	0.125	0.731
1	不确定	截距	−1.099***	0.177	
		ZR	0.360**	0.182	1.434
	不参与	截距	−0.464***	0.137	
		ZR	−0.159	0.159	0.853

*表示 $p<0.1$，**表示 $p<0.05$，***表示 $p<0.01$
注：结果为多分类 Logistic 回归分析，$n = 701$；集体行动 CA 的参考类别为"参与 CA = 1"

表 4-5 的回归结果显示：①在不表示工资待遇太低的样本中，关系（标准化）增加一个单位即样本和企业的关系变坏一个标准差，样本选择"不确定"的概率与选择"参与"的概率之比是原来的 1.221 倍（$p<0.1$），选择"不参与"的概率与选择"参与"的概率之比是原来的 0.731（$p<0.05$）；②在表示工资待遇太低的样本中，关系（标准化）增加一个单位即样本和企业的关系变坏一个标准差，样本选择"不确定"的概率与选择"参与"的概率之比是原来的 1.434 倍（$p<0.05$）。为什么当和企业的关系变坏，分配公平感差的组，样本选择"不确定"的概率相比分配公平感不那么差的组样本更大，并且"不参与"也不再是其确定的最劣选择？表面上看这是一个悖论，然而，考虑到关系的双路径影响，上述结果则可能

表明，对分配公平感差的样本，关系更从效能路径Ⅱ发挥作用。这和我们的常识并不违背：对分配结果相对不满意的劳动者，往往更注重成本-收益以期改善相对不满意的分配结果，"损失厌恶"则导致人们越对分配结果不满意就越会竭力避免损失，这将夸大集体行动的不利，一方面让"不参与"摆脱作为关系变坏时的最劣选择，另一方面也让"不确定"选择对"参与"选择的优势比提高。相较而言，对分配结果相对满意的劳动者固然也注重成本-收益，但"损失厌恶"程度较轻，同时也往往可能更注重程序公平，以期持续获得这种相对满意的分配结果，此时关系就更可能从愤怒路径和效能路径Ⅰ发挥作用。这就是假设 3.1 中用于反映分配公平感的工资评价对程序公平感和集体行动不参与之间的关系起调节作用的逻辑。

再检验假设 3.2，即程序公平感对分配公平感和集体行动不参与之间关系的调节效应。由于自变量分配公平感"工资待遇"是一个哑变量，调节变量程序公平感"关系"是一个连续变量，检验方法为：①将"关系"标准化处理为"关系（标准化）"ZR；②计算"关系（标准化）"和"工资待遇"W的交互项；③做"集体行动"对"工资待遇"和"关系（标准化）"及其交互项 WZR 的多分类 Logistic 回归。回归结果显示，似然比卡方检验的 p 值为 0.000，说明模型整体是显著的。自变量中，"工资待遇"和"关系（标准化）"都以 $p = 0.001$ 通过了似然比检验，但其交互项以 $p = 0.651$ 没有通过似然比检验。表 4-6 中，该交互项的系数也不显著，假设 3.2 中程序公平感的调节效应没有通过检验。

表 4-6　程序公平感的调节效应

集体行动 CA		系数	标准误	优势比
不确定	截距	-0.427^{***}	0.122	
	ZR	0.200^{*}	0.119	1.221
	WZR	0.161	0.217	1.174
	W	-0.672^{***}	0.215	0.511
不参与	截距	-0.628^{***}	0.135	
	ZR	-0.313^{**}	0.125	0.731
	WZR	0.154	0.202	1.167
	W	0.164	0.192	1.178

*表示 $p<0.1$，**表示 $p<0.05$，***表示 $p<0.01$

注：结果为多分类 Logistic 回归分析，$n = 701$；集体行动 CA 的参考类别为"参与 CA = 1"。

此外，表 4-6 中，①关系（标准化）增加一个单位即样本和企业的关系变坏一个标准差，样本选择"不确定"的概率与选择"参与"的概率之比是原来的 1.221

倍（$p<0.1$），选择"不参与"的概率与选择"参与"的概率之比是原来的 0.731（$p<0.05$）；②表示工资待遇太低的样本更不倾向于选择"不确定"而非"参与"（$OR=0.511$，$p<0.01$）。前一个结果是在控制了"工资待遇"变量的条件下，这和表 4-5 中不表示工资待遇太低的组情况相同，故而结论相符。后一个结果则是对表 4-5 结果的补充：无论间接影响如何，当正面的工资评价用于反映分配公平感，其对人们集体行动不参与倾向的直接影响是正向的。

至此，假设 3.2 没有通过检验，而假设 3.1 部分通过了检验——毕竟我们暂时没有办法区分关系的愤怒路径和效能路径Ⅰ，但一种看起来合理的设想是，这两种路径的作用通常共存。并且无论如何，从某种意义上讲，上述对比表明对农民工的集体行动不参与倾向而言，分配公平感的作用超过了程序公平感。如前所述，对程序公平和分配公平的交互作用，Tyler 和 Smith（1998）曾就人们的社会运动提出，程序公平相较于分配公平更为重要，但他们未曾对此进行检验，而 Blader（2007）的相关工作到目前为止依然是孤证。考虑到在中国该问题的特殊性，他们的这一结论是值得怀疑的，不过这在很大程度上或许是因为分析角度的不同。[①]

4.1.4 讨论和结论

通过上述分析可得出不少值得进一步讨论的结论，归纳如下。

首先，在不少时候，与企业签订合同也许无关程序公平感，而且从效能路径降低了农民工的集体行动不参与倾向。劳动合同对程序公平的促进可能只是在理论上，实际中，合同本身的不完全以及相当一部分合同的流于形式使农民工维权困难，劳动合同更有可能是作为抗争的依据改善了集体行动的成本-收益状况，使农民工更愿意参与其中。总体来说，劳动合同对农民工权益的维护，不能根据劳动合同本身的条款以正规途径实现，而是需借助集体行动达成，表明《劳动合同法》的落实监管力度还需进一步加强。

其次，和企业的关系与程序公平感有关，从愤怒路径影响了农民工的集体行动不参与倾向，但其效能路径的双向作用可能同时存在。就愤怒路径看，与企业关系好的人可能由于更强的程序公平感而更多地不参与集体行动；就效能路径看，与企业关系好的人可能由于更好的集体行动成本-收益相对状况而更少

[①] Blader（2007）对程序公平和分配公平的重要性在其论文中给出比较的逻辑是：程序公平对"联合资格的支持"（support for union certification）和"选举投票"（vote cast in election）两个因变量都影响显著，而与分配公平相关的资源评价只对"联合资格的支持"一个因变量影响显著。但其实并不能得到程序公平一定比分配公平更重要的结论——谁能肯定这里另一个因变量的价值？Blader（2007）在此的结论也仅仅是，这给出了应当关注程序公平的强劲证明。而这的确是解读 Tyler 和 Smith（1998）观点的角度之一。

地不参与集体行动,但也有可能由于更坏的集体行动成本-收益相对状况而更多地不参与集体行动。此处暂抛开关系的愤怒路径和效能路径Ⅱ,重点分析其效能路径Ⅰ,结合上一结论,我们不难发现农民工的矛盾:"关系"替代"合同"成为权益维护的日常手段,如果"关系"不奏效,那么权益维护将转而以凭借"合同"的集体行动这一非日常手段实现①。考虑到"关系"连接两面,我们也不难发现企业的矛盾:明明可以通过制度化的、公开的"合同"的完善落实而解决的问题,却更倾向于让劳动者个人和企业自己以"关系"这种非制度化的途径来一对一私下协调。其中的原因或许可以从历史和文化方面追寻,但农民工的素质和对法律法规的认识状况不能忽略,现阶段雇用农民工企业的规模、绩效尤其制度环境下的生存状况也应考虑在内。

此外,反映分配公平感的工资评价对农民工集体行动不参与倾向的直接影响显著,并通过对关系作用的调节而同时具有显著的间接影响。其中,分配公平感显著的直接影响也许显示了我国大量农民工集体行动的经济行为本质。样本中表示工资待遇太低的比例为 43.8%,考虑到我们所使用的数据只是样本对工资待遇的"额外"不满,现实中农民工对工资待遇不满的情况可能远超这一比例,这意味着许多潜在的农民工集体行动发生的可能。再从间接影响看,普遍存在的分配不公平感可能又使"关系"更从效能路径Ⅱ发挥作用,让普遍习惯于以"个人变通"解决问题的农民工出于对成本-收益状况改变的考虑而走向集体行动。无论如何,现阶段我国农民工的集体行动基本上都是为捍卫生存底线,如劳资关系里个人是否在决策程序中受到尊重这样的"抽象"公平问题、劳资关系是否符合法律法规甚至法理这样的"宏大"公平问题,重要性也许都不及一个简单可接受的经济结果。这和农民工的个人特征及其在劳动市场的处境有关,也和我国的民主法治进程有关。

总体而言,本章在开篇提到,对于近年频繁发生的农民工群体性事件,政府堵不如疏。所谓疏,指的是在现行的"维稳"体制外,更多依靠上述分析所涉及的各种制度的完善,引导农民工做出不参与集体行动的决策。按照本章的理解,农民工的集体行动是对"合同"这一正规途径和"关系"这一日常手段不能有效维护其权益的替代。此时,如果集体行动也不能奏效,农民工则可能实施以再次迁移流动或返乡为形式的退出,等同于"罢工",以使企业"重新评估他们的市场价值"(汪建华,2013)。这些理论和现实中的堵不住、不能堵,表明了疏的重要,要设法让人们回到依靠正规途径维护权益中去,并且是更依靠"合同"这种制度化的解决途径而非普遍作为日常手段的"关系"。这就给《劳动合同法》及其配套

---

① 由于研究角度不同,本章的分析未涉及情境,也没有囊括更多的个人因素,该结论似乎不应被理解为普适性的,但我们也无法否认其存在的可能。

监管措施的执行提出了要求,但又不止于此,给企业生存创造更好的制度环境、向农民工提供文化和法制教育也是必需的。

虽然研究角度和方法有异,上述结论与第 2 章中的结论并无本质区别——在本章中,集体行动被视为对"合同"这一维权正规途径和"关系"这一维权日常手段的替代,与之并列的另一维权策略则是以再次迁移流动或返乡为形式的退出。这里的"合同"(正式制度)和"关系"(个人变通)在第 2 章中被归为个人行动,"退出"则被归为不考虑滞后与否以及不考虑是个人还是集体形式的退出行动。

在上述逻辑下,农民工不参与集体行动,意味着他们的维权可能走向与集体行动并列的其他所有选择,根据第 3 章的分析,这将与他们的个人因素及面临的情境有关,但鉴于第 3 章已经对这一点进行了充分讨论,本章不再以其为重点进行分析。另外,关于以合同为代表的正式制度和以关系为代表的个人变通,4.1.3 小节已做了许多分析,但关于退出这一话题,该小节并未进行实证分析,即便在第 2 章中,由于数据原因,我们也只讨论了农民工的退出意愿和非退出行动,而由于主题有所侧重,第 3 章中的案例研究对此也浅尝辄止。然而事实上,农民工的高流动性很多时候也许都和他们囿于次属劳动市场而广泛面临权益侵害时采取"用脚投票"的习惯做法有关。以下,本章将以一次失败的集体行动为例,分析农民工以再次迁移流动为形式的退出行动。该案例研究旨在以城镇化这一更广阔的视野而非单个企业和单个地区,探讨作为有限理性经济人的农民工如何在社会变迁中有策略地实现目标,进而回答农民工群体性事件最终解决出路何在。

4.2　失败的集体行动和农民工的再次迁移流动[①]

2016 年 6 月,我们在河北邢台见到了家在当地农村的青年农民工小戴。2015 年,工资被拖欠的小戴意外卷入一场"乌龙"的集体行动中。在经历一波三折的求职后,辗转过全国多地工作的小戴再度面临何去何从的权衡,最终充满希望地回到了老家农村。

4.2.1　辗转再三的回流

小戴出生于 1982 年,属于第二代农民工中年龄较大也已经较为成熟的一批人。他的老家当年并不富裕,很多孩子和他一样,中学没读完就因家境贫困而外

[①] 本节案例来源于 2016 年河北邢台的代表性案例访谈记录。

出工作。小戴那时在读高二，课程已全部结束只剩高考备考。提起早年辍学的经历，他充满了遗憾。外出就业期间，他去过北京、天津和福建，还辗转去过别的不少地方，后来选择回到邢台。

"我家不远，回去一个半小时，现在交通方便了。往年没路，那就不是一时半会儿，上学时回趟家不容易。说起来可惜，我高二辍学，那会儿课都学完了，就做卷子等高考。要不是家里穷，我应该读大学了。村里跟我一样的人很多中学没读完就都出去找工作了。我先是跟我大舅在北京，后来去天津，往南走，江苏、浙江都工作过，每个地方时间都不长。回来之前在福建最久，干了五年。你问我回来的原因，这是我老家，其他地方总要讨工资，也赚不了多少，说垮就垮了。"

小戴的"说垮就垮"指的是他在福建就业的 LED（light emitting diode，发光二极管）企业。该企业据说一度试图推出中高端产品，但最后还是以代工为主，2012 年虽然生意惨淡，但还能按时发放工人的工资，到 2013 年，因拖欠货款导致资金链断裂，直接宣布倒闭。幸运的是，LED 是新兴产业，工人们当时的去处很多。小戴也曾尝试继续南下，但不久就发现，珠三角的 LED 企业也风声鹤唳，"裁员的裁员，关厂的关厂"。由点及面，他对东南沿海制造业的前景非常不乐观。对此，我们解释市场竞争就是要优胜劣汰，行业洗牌是必经之路，这也许和景气与否无关，甚至相反意味着行业发展步入正轨，至少 LED 产业看上去如此。小戴沉默后表示同意，但同时也表示，对工人尤其农民工来说，"总是要失业的，我不想待下去了"。

"河北再怎么样，是我老家。离家近，回家方便，看孩子就方便。我们都在这儿，孩子就不算留守儿童，每周末都可以回，可以见。要说收入，算一算也不低。你不能和北京比，这还要看花多少钱，单说北京那房价。我当时想，各种开支和路费一扣，结余不比在福建时少，就满意了，还不用两头跑花精力，多好。你说水泥厂环境差，这到处是霾，哪儿又比哪儿强。我还算满意，觉得该回来。"

小戴反复强调当时的满意，让我们相信这出自肺腑。但事实上，首先，中国的粗钢产量世界第一，2015 年为 798 800 万吨①，占世界粗钢产量的比例为 49.4%（World Steel Association，2017）。2015 年，河北的粗钢产量为 18 833.0 万吨（河北省统计局和国家统计局河北调查总队，2016），接近中国全国产量的 1/4，超过世界产量的 1/10。除此以外，河北当年还生产了 17 383.3 万吨生铁（河北省统计局和国家统计局河北调查总队，2016）。钢铁和炼焦导致大量的污染物排放。

---

① 关于 2015 年的中国粗钢产量，《中国统计年鉴 2016》显示为 80 382.5 万吨（中华人民共和国国家统计局，2017），但为保持前后一致，此处采用国际钢铁协会（World Steel Association，2017）提供的产量数据 798 800 万吨和其在世界粗钢产量中的占比 49.4%。

在《2016年6月74城市空气质量状况报告》中，河北的多个城市位列74城市排名的后部，尤其是邯郸、邢台、唐山（中国环境监测总站，2016）。在邢台调查期间，我们的呼吸系统非常不适，而这还是在空气质量较好的夏季，并且，此前的若干年，河北就对钢铁和炼焦产业的环保方面进行了大力改造。水泥厂的生产环境也并非"哪儿又比哪儿强"的可忍受情况，至少在我们眼中如此。特别是游离于政府监管之外的小型水泥厂，生产期间往往粉尘漫天，噪声也十分严重。上述一切让我们很难理解小戴的"满意"，至少他此前在LED企业的工作环境方面不会这样糟糕，我们只能将其解释为他对自己一个或许错误的决策的事后心理调整。实际上，可能在进入水泥厂的初期，他就后悔了，只是没有合适的工作机会——"当时也想过别的，但骑马找马，总不能没活干"。

4.2.2 停产欠薪和失业

在严峻的环境问题和产能过剩的宏观经济背景下，根据《国务院关于化解产能严重过剩矛盾的指导意见》（国发〔2013〕41号），结合《河北省大气污染防治目标责任书》，河北提出加快推进产业优化升级，到2017年压减6000万吨钢铁、6000万吨水泥、4000万吨煤和3000万标准重量箱玻璃（河北省人民政府，2014）。在这一过程中，小戴所在的小水泥厂不可避免地受到了冲击。

"厂里产量本来就在减，去年又有人隔三岔五投诉粉尘，投诉路被车压坏了，还有噪声。环保过来，老板就说关厂。哪儿有钱进环保设备？当时还能勉强维持，进了设备肯定就亏了。后来都是偷偷复工，又被投诉，最后就真停产了，老板还欠我们几个月工资，讨不回来。谁都知道污染，但谁管我们养家糊口呢？"

不仅小戴所在的水泥厂，小戴表哥所在的玻璃厂也因为废气排放超标停产，该厂老板同样几个月没发工资，他的表哥现在也是失业状态。这可能并非巧合，事实上，不独大刀阔斧产业转型的河北，在中国许多其他地方，同样普遍存在着农民工的失业问题（李强，2001），只不过限于该群体的高流动性和统计上的困难，其失业率往往被低估，部分研究者持相反观点（王德文等，2004）的原因可能也正在于此。而当我们提到失业保险，小戴表示不清楚怎么办理，也没有太大的办理意愿，甚至怀疑自己没有资格。

"好像都不爱办这个，说没几个钱，还很麻烦，我们有没有还是个问题。反正我没往上想。原先还盼着复工，偷偷复工也好，厂里原料堆成山，搅拌车都还在，保安也在。但停工这么久，政策也没松动，现在看是浪费时间了。比起琢磨保险，不如花力气去讨工资，不如把时间用在找工作上，这些才是正经事。"

关于失业保险，小戴的描述是不少农民工的想法。韩伟等（2010）提出，农民工失业保险制度是城镇职工失业保险制度的衍生品，缺乏针对农民工特征的充分考虑。韩伟和朱晓玲（2011）将其缺陷归结为给付条件过于严格、生活保障给付水平过低、就业促进功能缺位等方面。对此，我们详细解释了失业保险在近年的变化和不断提高的保障水平[①]。小戴非常认真地听，并用手机记录了一些程序上的细节。但当我们谈到保险费，他表示和水泥厂没有签合同——在六城市农业转移人口调查中，问卷询问了受访者与企业签订劳动合同的情况，在所有适用于该问题的样本中，回答"没有签订"的样本所占有效百分比达到 34.8%。小戴说不清楚这些，但"老板应该是没有给我们缴费的，我们也没在意"。

4.2.3 "乌龙"的集体行动

谈到"花力气去讨工资"，小戴的叙述出乎我们的意料。

"完全是一个乌龙。我开始是听到动静，过去就想看看。里面是另一个厂的人，他们厂欠的工资多。我还纳闷怎么超市热闹了。他们七嘴八舌，有说老板在里头的，有说超市就是老板开的。过会儿看到我朋友在那头不小心摔了。我赶紧过去，刚过去就被绊地上了。不严重，但倒霉透了。"

我们询问小戴对这件事的看法。他说："冲动解决不了问题，而且搞不好就违法了。我朋友他们厂，之前花那么多力气讨薪，规规矩矩地办，现在有理恐怕也变成了没理。我就再没想过讨薪的事了，只准备再找工作。"

我们对小戴的法律意识表达了钦佩，同时对他们的处境表示同情。他们没有和企业签订劳动合同，更没有工会和工会代表，当面临权益侵害，以他们有限的人力资本、物质资本和社会资本，能首先想到"规规矩矩地办"实非易事。我们不知道小戴朋友"之前花那么多力气"的具体所指，但通过阿贵的故事，我们能大致估计他们维权路上遇到的挫折。

4.2.4 一波三折的求职

小戴参加招聘会，给几家企业投了简历，但因为岗位都不太合适，他对结果并不抱希望。

"说是农民工专场，来的都招大学生，最起码也是大专，我学历是硬伤。要不就是招有经验的。我出来也有不少年了，做哪行都还行，不会就学，哪有难事。但真要是没接触过的，人家一问就露馅，要刷肯定先刷我这样的人。这不是我能

[①] 2015 年 3 月 1 日起，河北省的失业保险金标准每月为 650~930 元。2017 年 1 月 1 日起，这一标准调整至月人均 1010 元，为河北省平均最低工资标准的 66.2%，最高 1090 元，最低 940 元（郭东，2016）。

不能做和会不会做的问题，是人太多了。好工作谁都想要，但多半是简单培训后就能上岗，谁又比谁强？经验、技术都是虚的，最后看的还是学历和证，学历是门槛，证是敲门砖。还有年纪，我这种就肯定没有十几二十出头的小伙子好使。他们还可以念书、考证，我已经不可能了，也没兴趣。"

小戴提到了学历问题。他高二辍学，这一受教育程度在农民工群体内部已高于大约一半的人。即使随着社会变迁，农民工的受教育程度在不断提高，单论第二代农民工，也仅有不到 1/3 的人受教育程度高于他。这一论断源于在六城市农业转移人口调查中，初中及以下样本在全部样本中的累计百分比为 49.0%，第二代农民工样本中，大专以下（不包含大专）样本在全部样本中的累计百分比为 67.7%。这种情况下，小戴说"我学历是硬伤"和阿贵的"大专没用"似乎异曲同工。在阿贵的案例中，我们曾怀疑存在海森堡不确定性原理（Heisenberg，1927）的作用或观察者效应（Martin and Bateson，1994），担心阿贵对自身学历的评价受到我们的出现和在场的影响。然而当反复研究小戴的案例，我们的疑虑被部分打消。和阿贵强调"学是白上的""读了白读"不同，小戴的相关陈述是较为克制的，并且在其他时候，他也并没有对高学历的崇拜或渴望。即使他承认"学历是门槛"，而这也更像他是对首属劳动市场和次属劳动市场分割现状的朴素感触。

除此以外，小戴还谈及经验和技能，说"经验、技术都是虚的"。在第 2 章的计量部分，我们曾提到农民工的职业流动性决定了其工作经验和技能变量在衡量上的困难。实际上，困难不仅存在于统计研究和计量分析方面，这是次要的，重要的是，对农民工自身而言，高流动性尤其职业上的高流动性即频繁换工作，将引起他们在工作经验和专业技能积累上的困难，或者至少，将导致他们在如何证明自己的工作经验和专业技能积累方面难度上升。这同时也是小戴说"证是敲门砖"的原因，也是在阿贵的案例中阿贵对阿燕说"会计从业资格证书有用"的原因。然而，一如小戴所言，次属劳动市场上的工作"多半是简单培训后就能上岗"——在六城市农业转移人口调查中，当询问受访者从事工作的技术程度，回答 1~5 代表技术程度从最低到最高，超过 2/3 的农民工样本选择了小于等于 3 的分值，即使在第二代农民工样本中，选择分值 5 的农民工样本也不及全部第二代农民工样本的 1/10。并且，这也许还意味着，对不少农民工而言，很多时候职业资格证书也不过是发挥着一如学历证书的信号传递作用（Spence，1973，2002）。企业可能并不在乎持有证书者人力资本是否真实地显著增加，因为次属劳动市场上大部分中低端就业岗位某种程度上的同质性让这一点变得不那么重要。重要的是"人太多了"，追求利润最大化的雇主需要根据某种简易标准，将其中一些人低成本地筛选出来，其结果就是，那些原本拥有足够经验和技能但不擅长考试或没有参加考试的人被排除在外。

小戴关于"人太多了"的感叹也是现实。近年受宏观形势影响,从东南沿海回流的农民工很多,其中不乏第二代农民工。我们还应注意到,随着时间的推移,第二代农民工内部也出现了分化。例如,"80后""90后"群体。小戴说"我这种就肯定没有十几二十出头的小伙子好使",主要指的是身体素质,而次属劳动市场多数工作岗位的性质都决定了企业招聘中对劳动者身体素质的看重。在小戴投递了简历的几家企业中,一家汽车配件厂很快给了回音,但一个月后小戴就决定不再去上班,主要原因是腱鞘炎复发,无法胜任流水线上的工作。

"那里还挺正规,签合同。每天八小时,加班另算,一般干十小时,一个月二十六天班。工资按时发,加班费没个准,但争取一下还是会结,无非扣这扣那少点儿。年轻人不乐意,说脏说累说被剥削。我觉得还行,比水泥厂好多了,关键是那一行政策支持,没有乱七八糟的三角债,不会让我们去讨工资。而且流水线我待的多,那里强度不算大,要不是干了几天手疼得受不了,我肯定留下了。"

小戴的腱鞘炎是在回河北前常年从事流水线工作留下的职业病。在阿贵的案例中,阿燕的描述也证实了流水线工人得类似职业病的普遍性。另外,由于小戴在水泥厂的无防护工作经历,我们建议他戒烟和定期进行肺部检查——据统计,在2013年超过2.5万例的中国新发职业病中,尘肺病的比例接近8/9,其中的农民工患者达到80%以上(岑敏华等,2015)。究其原因,2016年《关于加强农民工尘肺病防治工作的意见》中提到"党中央、国务院高度重视农民工的职业健康。近年来,我国先后公布了《职业病防治法》等一系列法律法规、规划和职业卫生标准……但是,由于一些用人单位不履行防治主体责任,健康监护不到位,加上部分农民工缺乏职业防护和维权意识,农民工罹患尘肺病的势头并没有得到有效控制,病后得不到及时诊断、救治和赔偿的问题也没有得到有效解决"(国家卫生和计划生育委员会疾病预防控制局,2016)。对我们的建议,小戴表示感谢,但似乎又不以为意,并没有灭掉手中的香烟。

4.2.5 何去何从的权衡

从汽车配件厂辞职后,小戴又一次面临艰难抉择。亲戚让他去北京合伙搞装修,他去了三个月后决定离开,因为觉得"扎不下根"。

"我大舅在北京,想拉我一把。他当年是我们村第一个闯北京的,也是我们村第一个成功人士,我最早到北京就是跟他。那时候他还没搞装修,在工地当小工,慢慢熬成包工头。村里去北京都找他,只看得到风光,不知道他吃的苦。二十多平方米的宿舍,睡七八十人,夜里出去方便,回来就没地方睡了。我年轻时就是吃不得苦,才离开北京去的天津。现在去北京,心境又不同。不是吃不吃得了苦的问题，是你无论多努力也买不起房子，没法和别人一样生活，你扎不下根。这事我大舅办到了，那是因为他出去得早，赚钱早又有眼光，早买了房子。现在没有时机了，那些大学生、研究生也办不到，我当然也办不到。这不是能力问题，也不是我悲观，就是没机会。根本没机会的事，我就不想做了，多赚钱也还是买不起房，还总得讨工资。心里也不舒服，人家怎么可以活成那样，自己呢？"

除了北京，小戴也提到"上广深"。他说这些地方都去过，都扎不下根。至于别的大城市，他逐一向我们列举去过的地方，不是收入少房价高，就是讨工资难。犹豫再三，和家人多次商量的结果是，他决定回老家农村。

"户口一直在村里，没想过迁出来。我们村位置不偏，往后户口有用。往年没想回去，因为受不了安静。白天老头儿、老太太门口晒太阳，光看了就难受，天一黑就只剩狗叫了。城里半夜三更还灯火通明，出门就是超市，冬天暖气也足，过年都不想回。但你户口在村里，还有几亩①地，有宅基地。你舍不得丢，过年要回，办事要回。而且你最终还是得回来，就跟我父亲一样，五六十岁，工地都不收了，只能回来。好在村里如今也不差。我也是想趁还年轻，再搞一搞事业。物流是保底，能赚钱。自己创业，累是一样，操的心更多，但起码再不用讨工资了。"

小戴对老家农村生活的描述符合大部分传统农村社会调查的结果，尤其关于农村的人口空心化——中青年劳动力大量外出，到城镇务工经商，留守农村的人口以"老弱妇孺"为特征，尤其呈现老龄化趋势（周祝平，2008）。除了人口空心化，还有基础设施和社会服务的空心化（刘彦随和刘玉，2010），而城镇则"出门就是超市，冬天暖气也足"，以至于小戴"过年都不想回"。让他离不开农村的原因也简单，"我们村位置不偏，往后户口有用""还有几亩地，有宅基地"，这关乎利益。但与"你舍不得丢"伴随的麻烦是，"过年要回，办事要回"。然而"你最终还是得回来"，小戴的父亲是因为年纪大了无法在城镇找到合适的工作，小戴自己则是因为前述种种。幸运的是，"村里如今也不差"——截至2016年8月，河北省共有淘宝村91个（阿里研究院，2017），据小戴所说，他们村也开始流行做电商。他决定回去创业，就算没完全想好做什么，但"起码再不用讨工资了"。

4.3 扩展讨论：城镇化进程中的有限理性经济人

当"讨工资"的话题再次回归，我们发现，就小戴的个人经历而言，以往失败并不独为该次"乌龙"的集体行动，而是事关"讨工资"的大部分行动。在

---

① 1亩≈666.67平方米。

有些时候，工资讨得回来，那需要企业的规范和实力，需要地方政府的支持和引导。但在很多时候，事情没有严重到引发集体行动的程度，或者即使发生集体行动，一旦涉及大金额的复杂三角债，就像在阿贵的案例中，即使有政府的协调和帮助，事情也不容易彻底解决。也许更多的时候，情况就是小戴口中的"加班费没个准，但争取一下还是会结，无非扣这扣那少点儿"。对此，农民工们或许一如小戴"觉得还行"，当然也有"不乐意"和说"被剥削"的。然而最终，如果别有出路，他们中的不少人可能都会和小戴一样表达对"讨工资"生活的厌倦，或者依然觉得可接受，但当即便这样的生活也由于或这或那的原因无法继续，另觅出路就是必然。换工作的过程往往也伴随他们在空间上的再次迁移流动。在这一过程中，他们会收集和分析信息以做出决策，这依靠知识和经验，但也受到情感的影响，而信息的不完全、知识和经验的不足以及情感的参与都让他们更符合有限理性"经济人"，而非古典经济学的理性"经济人"假设。

在4.2.1小节中，首先，关于小戴对东南沿海制造业悲观的前景预期，我们认为是不恰当的。社会主义市场经济体制要求充分发挥竞争的作用，在市场竞争中实现企业的优胜劣汰，完成产业组织的合理调整和产业结构的优化升级。这既是产业健康发展的规律，也是国民经济稳定增长的要求。在这一过程中，部分农民工的短暂失业也许是必经的阵痛，我们能做的是在其就业和迁移流动上给予引导，避免他们由于认识的偏差做出非理性决策。其次，也应看到，从广义上讲，"落叶归根"可能并非第一代农民工的独有心态，这或多或少存在于所有人的内心。例如，在六城市农业转移人口调查中，问卷询问了受访者"考虑距离您老家的远近，您希望把户口放在哪里"，第一代农民工样本回答的有效百分比依次为"老家"44.3%、"老家所在乡/镇/街道的其他村/居"[1]14.3%、"老家所在县/市/区的其他乡/镇/街道"26.8%、"老家所在省（区、市）的其他县/市/区"9.5%、"其他省（区、市）"5.2%，第二代农民工样本回答的有效百分比依次为"老家"41.7%、"老家所在乡/镇/街道的其他村/居"14.6%、"老家所在县/市/区的其他乡/镇/街道"23.1%、"老家所在省（区、市）的其他县/市/区"11.3%、"其他省（区、市）"9.1%[2]。由此，两代农民工倾向于把户口放在"老家"的比例都超过90%。这或许是人之常情，有天然的非理性作用，但这对中国区域不平衡的城镇化发展现状则是先天利好，应加以引导和充分利用。

在4.2.2小节中，环境问题严峻，产能过剩问题也严峻，这种情况下，淘汰破坏环境的落后产能是必须要做的事。而在产业转型的过程中，企业关停并转，工人的失业和再就业问题不容忽视。特别地，考虑到农民工群体的高流动性、失业

---

[1] 村代表村民委员会，居代表居民委员会和社区。
[2] 数据因计算时四舍五入合计不为100%。

统计在技术上的困难进而对农民工失业率的低估，农民工的失业和再就业问题不容忽视。尤其人的理性有限，面对这样的宏观形势，案例中，小戴不能正确认识水泥厂生产的环境危害和违法性，寄希望于"偷偷复工"。又如，失业保险，一如小戴，许多农民工对其并不了解。这也许是基层政府缺乏相关宣传和对农民工理性选择的引导，但很多时候企业出于成本考虑的不作为是主因，而农民工自身对其重要性的认识也非常有限。

在 4.2.3 小节中，小戴的"参与"行为名不副实。但与此同时，这样的集体行动失败是必然，不仅因为它无组织、无准备，完全是一时起意，还因为它在本质上是出于参与者的情绪表达，而非真正有目的和针对性的行动。事实上，这样的集体行动在所有的农民工集体行动中相当具有代表性，参见王国勤（2007）对集体行动的界定：很多个体参加，组织化程度很低，制度化程度很低，改变现状的诉求很低，持续时间一般比较短，行动方式表现为从有节制的行动到逾越界限的行动的连续谱，一般规模较小。从该定义也可以发现行动参与者的非理性，即他们改变现状的诉求很低。并且，这种情绪的表达本身就是非理性的，正如小戴所言"冲动解决不了问题"。不过，很多农民工缺乏权益维护的有效渠道，如没有和企业签订劳动合同，没有工会和工会代表——六城市农业转移人口调查中，问卷询问了受访者加入工会的情况，在所有适用于该问题的样本中，回答加入工会的样本所占有效百分比仅为 8.7%。这让他们以正规途径表达权益维护的诉求要比一般情况困难许多。表 4-7 列出了六城市农业转移人口调查中当询问受访者"如果在工作中发生权益侵害，您通常倾向于怎样解决"时样本的回答情况，其中，回答"找工会"的百分比仅为 3.3%，回答"找律师"的百分比也仅为 8.5%，除去 1.6%的极少数样本表示将寻求媒体的帮助，9.9%的样本回答"找政府"，这同样是个较低的比例。而在老板"跑路"的情况下，即当占比最高的回答"找老板"不可行，"找熟人一起争取"和"忍受"则是他们最倾向的选择，占比分别达到 15.8%和 10.3%。小戴和他的朋友在事件过程中表现出不同程度的非理性，既是冲动使然，也是无奈之下的选择。

表 4-7 如果在工作中发生权益侵害，您通常倾向于怎样解决？

项目	频数/次	比例
找工会	47	3.3%
找老板	580	41.3%
找律师	120	8.5%
找媒体	23	1.6%
找政府	139	9.9%

续表

项目	频数/次	比例
找熟人一起争取	222	15.8%
忍受	145	10.3%
不适用	129	9.2%
合计	1405	100%

注：数据因计算时四舍五入合计不为100%

在 4.2.4 小节中，小戴在招聘会上遭遇了挫折，对农民工专场招聘会"来的都招大学生，最起码也是大专"感到意外，觉得自己"学历是硬伤"。他还意识到职业资格证的重要，认为"学历是门槛，证是敲门砖"。但当我们试图将话题引向成人继续教育和"考证"，他没有表现出任何兴趣。我们深感遗憾，但也尊重他的意愿，理解他有限理性之下的选择——他后来提到了自己的年龄和家庭。然而，我们不太能理解他对自身健康问题的轻视。他在水泥厂工作期间的无防护作业本身就是一种非理性行为，后来还对我们戒烟和定期肺部检查的建议不以为意。这是缺乏职业防护和健康意识的表现，还是在他已经患有职业病并承认身体素质"没有十几二十出头的小伙子好使"从而影响了就业的情况下。

在 4.2.5 小节中，小戴则更多表现出有限理性而不是非理性。对于"北上广深"和其他大城市，他选择不去的理由是"扎不下根"，一是收入少、房价高，二是讨工资难。在六城市农业转移人口调查中，当询问受访者"您认为在城里安家落户有哪些困难"，75.7%的受访者回答原因包括"没有钱买房"，40.9%的受访者回答原因包括"作为弱势群体担心权利得不到保障"。这意味着小戴对在"北上广深"和其他大城市"扎不下根"想法的理由在农民工中是普遍存在的。与之相应，进一步，六城市农业转移人口调查还询问了受访者"考虑落户地类型，您希望把户口放哪里"。其中，第一代农民工样本回答的有效百分比依次为"北上广深"12.0%、"津、渝或省会城市"3.4%、"其他大城市"6.0%、"中等城市"12.9%、"小城市"9.8%、"城镇/县城"25.9%、"农村"29.9%，第二代农民工样本回答的有效百分比依次为"北上广深"22.3%、"津、渝或省会城市"4.8%、"其他大城市"7.6%、"中等城市"20.1%、"小城市"9.0%、"城镇/县城"13.3%、"农村"22.9%[1]。两代农民工选择"农村"的比例都超过20%，小戴显然也是其中一员。他的理性之处在于，"户口一直在村里，没想过迁出来"，这正如六城

---

[1] 数据因计算时四舍五入合计不为100%。

市农业转移人口调查中当询问受访者"您脱离老家有哪些方面的顾虑",47.5%的样本都回答了"土地原因",而选择"习惯了农村生活方式,不想改变"的样本仅为23.9%。然而,对比城市的繁华和方便,小戴"过年都不想回"农村。但当客观原因让他不得不回,他又选择了说服自己,"好在村里如今也不差""起码再不用讨工资了",并且虽然他多次在讲述中将自己和"十几二十出头的小伙子"区分开,但实则"我也是想趁还年轻,再搞一搞事业",他从未失去年轻和充满希望的心态。在这一过程中,他充分表现出自己的理性而不是非理性,这是我们将他界定为有限理性的原因。

受情感的影响,当面对变迁中社会的庞大信息量,农民工有限的知识和经验不足以支持他们成为完全的理性"经济人"。城镇化过程中,他们游离于城市和农村的边缘,在迁移、就业和工作中的权益维护乃至生活中的方方面面表现出有限理性,既是必然,也在很多时候让他们置身困境。然而,城镇化从本质上讲是人的城镇化,当农民工在工作中维权困难而不得不选择忍耐和习惯,当他们因为收入不能负担房价而无法在很多城市扎根,当他们由于产业转型、企业关停并转不得不陷于再次迁移流动,人的城镇化无从说起,城镇化的以人为本也就无从说起。

4.4 本章小结

作为在近年发生频繁的社会现象,农民工的集体行动备受关注。从微观角度,要终结农民工的集体行动,就是要引导农民工不参与集体行动。这就给研究农民工的集体行动不参与提出了必要,而不参与并非仅是参与的另一面。为秉承动态视角进一步对其探讨,本章以案例方式分析了青年农民工小戴一次误打误撞的集体行动经历,描述了他一波三折的求职道路和辗转再三的迁移流动。

第3章提出,社会变迁不仅直接贡献于农民工个体的改变,还塑造和影响了农民工具体集体行动事件的外部情境和内部情境,从而最终作用于农民工集体行动的演变。在本章中,我们的讨论扩大到农民工的再次迁移流动,它既是青年农民工小戴集体行动经历的后续,也构成了其发生的前因和背景。此处,农民工"用脚投票"的迁移流动是与他们的集体行动和其他权益维护行动相替代的策略,而城镇化进程的现实正是从他们大量相似的这一微观决策中涌现。这一过程形成了他们在生活和工作中进行种种个人决策的宏观背景,也成就了社会变迁本身。

第 5 章　基于城镇化进程推进的农民工集体行动治理

5.1　基于城镇化进程推进的农民工集体行动治理的必要性

在第 2 章中，我们曾提出当农民工遭遇权益侵害时，他们会在不行动和各种行动之间权衡，在其权益维护的个人行动、集体行动和退出行动之间存在部分的替代关系，他们的行动选择还取决于其所面临的情境，本质上是一种相机抉择。尽管促使农民工集体行动产生的具体原因有很多，但集体行动只是他们权益维护行动选择集中的一种。在此基础上，本书第 3 章进一步提出，除了面临的情境，包括内在特征和外在特征的个人因素也会对农民工权益维护的行动选择产生影响，而如果对情境的讨论从内部情境扩大到外部情境，社会变迁的宏大背景也将包含其中。

从相机抉择的角度，作为集体行动的一种替代策略，退出行动是农民工权益维护诸行动中较为特殊的一类。第 4 章提到，当集体行动无法有效维护农民工权益时，农民工可能实施以再次迁移流动和返乡为形式的退出，而这正是现实中部分地区出现"民工荒"的一个原因。限于其他行动有效性的缺乏或对权益侵害严重性的误判，农民工这种"用脚投票"式的退出也许是其在现阶段最常见的行动选择，这或可从他们的高流动性窥见一斑。而农民工的迁移流动与城镇化紧密关联：一方面，城镇化的过去和现在决定了农民工的迁移流动方向及其变化；另一方面，农民工迁移流动的方向及其变化又决定了城镇化的现在和未来。这一过程形成了他们在生活和工作中进行种种个人决策的宏观背景，促进和构成了社会变迁的一部分。全部的社会变迁又在不断改变农民工的个体，塑造和影响着农民工集体行动事件的外部情境和内部情境，从而最终作用于农民工集体行动的演变。

上述关联从理论上表明了基于城镇化进程推进的农民工集体行动治理的必要性。我们要想从全局高度和长远角度治理农民工的集体行动，就必须联系城镇化以治本。在阿贵的案例中，问题的关键在于"艰难的制造"。按阿贵的说法，电子厂欠薪的根源在于"这几年普遍不景气"，而"其实老板平时人还好"。本书第 3 章提到，2016 年，世界经济仍处于金融危机后的深度调整，中国的进出口受到国际产业转移格局的影响，再加上美联储的加息，实体经济生存环境恶劣。面临汇率的大幅波动，东南沿海许多地方的制造业出口处于低位，同时又受困于城镇化过程中房地产价格的上升，厂房租金不断提高，用工费用高涨。1998～2015年，全国商品房平均销售交割价格从2063元/米^{2}上涨到6793元/米^2，其中住宅从1854元/米^{2}上涨到6473元/米^2，办公楼从5552元/米^{2}上涨到12 914元/米^2，商业营业用房从3170元/米^{2}上涨到9566元/米^2，就2015年的商品房平均销售价格而言，北京为22 633元/米^2，上海为20 949元/米^2，浙江和天津紧随其后，分别为10 525元/米^{2}和10 107元/米^2，广东位居第五，为9796元/米^2（中华人民共和国国家统计局，2016），但深圳高达35 071元/米^2（深圳市统计局和国家统计局深圳调查队，2017）。2015年，珠三角的亏损工业企业总计4980家，占该地区全部31 765家工业企业的15.7%（广东省统计局和国家统计局广东调查总队，2016）。2008年以来，珠三角的工业企业亏损情况详见图5-1，这既受金融危机和国际形势的影响，也和持续推进的城镇化进程中不断提高的生产经营成本息息相关。

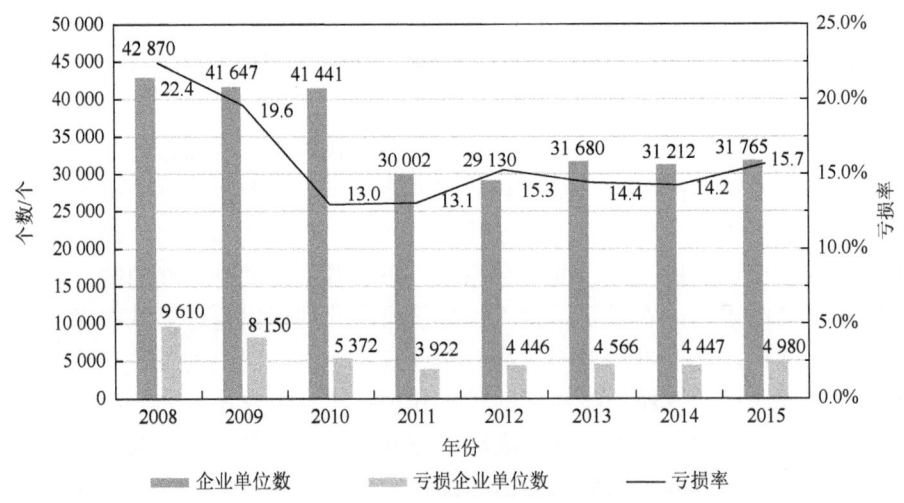

图5-1 珠三角工业企业亏损情况（2008～2015年）

资料来源：《广东统计年鉴2009—2016》

珠三角仅包括广州、深圳、珠海、佛山、江门、东莞、中山、惠州和肇庆，不包括港澳台

在小戴的案例中，水泥厂的停产欠薪则直指环境问题和产能过剩。这两个问题其实是同一个问题，落后的产能往往也是污染排放的主要原因。辜胜阻等（2014）将引起空气污染持续恶化的原因归结为人口过度集中于大城市的城镇化失衡和粗放型工业发展。王会和王奇（2011）则提出城镇化率每增加1%，工业化学需氧量和工业二氧化硫排放分别增长0.48%和0.44%。刘伯龙等（2015）认为城镇化推进1%将导致雾霾污染的浓度增加0.029%，其中，高排放区为0.121%，中排放区

为 0.054%，低排放区为 1.992%。由城镇化导致的环境污染加剧使地方政府开始限制工业增长（崔晶和宋红美，2015），淘汰污染严重的落后产能，推进产业优化升级大势所趋。小戴所在的水泥厂"产量本来就在减""最后就真停产了"。而无论是在小戴的案例中还是在阿贵的案例中，城镇化都是无法回避的话题。要从根本上治理农民工的集体行动，应当充分考虑其和城镇化的关联，基于城镇化进程推进农民工集体行动的治理是十分必要的。

5.2 基于城镇化进程推进的农民工集体行动治理的障碍

农民工集体行动的治理有必要结合城镇化的战略和现实，但其实现依然存在许多障碍。首先要明确的是，城镇化不是一蹴而就的过程。目前，中国各地区间的不均衡现象尤其严重，这直观体现在人口的城镇化不均衡上。第六次全国人口普查中，中国的东部地区人口城镇化水平明显高于中、西部地区，东、中、西部地区内部不同省（区、市）的人口城镇化水平也存在较大差距（秦佳和李建民，2013）。2006~2015 年的分地区城镇人口比重详见表 5-1，虽然近年来中国地区间的人口城镇化水平离散程度不断降低，但各地区间的差距仍然较大，变异系数超过 20%。

表 5-1 分地区城镇人口比重（2006~2015 年）

地区	2006 年	2007 年	2008 年	2009 年	2010 年	2011 年	2012 年	2013 年	2014 年	2015 年
北京	84.33%	84.50%	84.90%	85.00%	85.96%	86.20%	86.20%	86.30%	86.35%	86.50%
天津	75.73%	76.31%	77.23%	78.01%	79.55%	80.50%	81.55%	82.01%	82.27%	82.64%
河北	38.77%	40.25%	41.90%	43.74%	44.50%	45.60%	46.80%	48.12%	49.33%	51.33%
山西	43.01%	44.03%	45.11%	45.99%	48.05%	49.68%	51.26%	52.56%	53.79%	55.03%
内蒙古	48.64%	50.15%	51.71%	53.40%	55.50%	56.62%	57.74%	58.71%	59.51%	60.30%
辽宁	58.99%	59.20%	60.05%	60.35%	62.10%	64.05%	65.65%	66.45%	67.05%	67.35%
吉林	52.97%	53.16%	53.21%	53.32%	53.35%	53.40%	53.70%	54.20%	54.81%	55.31%
黑龙江	53.50%	53.90%	55.40%	55.50%	55.66%	56.50%	56.90%	57.40%	58.01%	58.80%
上海	88.70%	88.70%	88.60%	88.60%	89.30%	89.30%	89.30%	89.60%	89.60%	87.60%
江苏	51.90%	53.20%	54.30%	55.60%	60.58%	61.90%	63.00%	64.11%	65.21%	66.52%
浙江	56.50%	57.20%	57.60%	57.90%	61.62%	62.30%	63.20%	64.00%	64.87%	65.80%
安徽	37.10%	38.70%	40.50%	42.10%	43.01%	44.80%	46.50%	47.86%	49.15%	50.50%

续表

地区	2006年	2007年	2008年	2009年	2010年	2011年	2012年	2013年	2014年	2015年
福建	50.40%	51.40%	53.00%	55.10%	57.10%	58.10%	59.60%	60.77%	61.80%	62.60%
江西	38.68%	39.80%	41.36%	43.18%	44.06%	45.70%	47.51%	48.87%	50.22%	51.62%
山东	46.10%	46.75%	47.60%	48.32%	49.70%	50.95%	52.43%	53.75%	55.01%	57.01%
河南	32.47%	34.34%	36.03%	37.70%	38.50%	40.57%	42.43%	43.80%	45.20%	46.85%
湖北	43.80%	44.30%	45.20%	46.00%	49.70%	51.83%	53.50%	54.51%	55.67%	56.85%
湖南	38.71%	40.45%	42.15%	43.20%	43.30%	45.10%	46.65%	47.96%	49.28%	50.89%
广东	63.00%	63.14%	63.37%	63.40%	66.18%	66.50%	67.40%	67.76%	68.00%	68.71%
广西	34.64%	36.24%	38.16%	39.20%	40.00%	41.80%	43.53%	44.81%	46.01%	47.06%
海南	46.10%	47.20%	48.00%	49.13%	49.80%	50.50%	51.60%	52.74%	53.76%	55.12%
重庆	46.70%	48.30%	49.99%	51.59%	53.02%	55.02%	56.98%	58.34%	59.60%	60.94%
四川	34.30%	35.60%	37.40%	38.70%	40.18%	41.83%	43.53%	44.90%	46.30%	47.69%
贵州	27.46%	28.24%	29.11%	29.89%	33.81%	34.96%	36.41%	37.83%	40.01%	42.01%
云南	30.50%	31.60%	33.00%	34.00%	34.70%	36.80%	39.31%	40.48%	41.73%	43.33%
西藏	21.13%	21.50%	21.90%	22.30%	22.67%	22.71%	22.75%	23.71%	25.75%	27.74%
陕西	39.12%	40.62%	42.10%	43.50%	45.76%	47.30%	50.02%	51.31%	52.57%	53.92%
甘肃	31.09%	32.25%	33.56%	34.89%	36.12%	37.15%	38.75%	40.13%	41.68%	43.19%
青海	39.26%	40.07%	40.86%	41.90%	44.72%	46.22%	47.44%	48.51%	49.78%	50.30%
宁夏	43.00%	44.02%	44.98%	46.10%	47.90%	49.82%	50.67%	52.01%	53.61%	55.23%
新疆	37.94%	39.15%	39.64%	39.85%	43.01%	43.54%	43.98%	44.47%	46.07%	47.23%
变异系数	32.94%	31.63%	30.37%	29.28%	28.42%	27.28%	26.15%	25.19%	23.88%	22.39%

资料来源：《中国统计年鉴 2015》（中华人民共和国国家统计局，2015）、《中国统计年鉴 2016》（中华人民共和国国家统计局，2016）

注：不包括港澳台数据

  城镇化不仅包括人口的城镇化，而且包括土地的城镇化。陈凤桂等（2010）认为，中国人口城镇化与土地城镇化的协调发展空间格局水平总体偏低，阶段差距大，区域分异明显。人口城镇化与土地城镇化关联，加剧了中国城镇化在地区间的不均衡。十多年来，一些地区城镇化冒进，一些地区出现贫困城镇化，中国的城镇化偏离循序渐进的原则（胡安俊等，2014），存在低质、高量和不均衡问题（敖丽红等，2016）。究其原因，魏后凯（2014）认为，这主要是由于中国城镇体制的"过度行政化"，政府在进行资源配置时具有明显的行政中心偏向和大城市偏向，致使大城市和特大城市在城镇化进程中规模迅速扩大，城镇和中小城市的规模则在这一过程中呈现相对萎缩。当城镇规模的结构失衡映射到空间，中国的城镇化格局便呈现更为突出的不均衡态势（关兴良等，2016），这导致了许多社会问题。尤其人口大量涌入局部地区，而资源和环境的承载能力有限，在基础设施建设无法及时跟上的情况下，引发了不少城市病。以农民工为主体的流动人口"流而不迁"就是其中之一，这也被称为中国城镇发展和人口迁移流动中的"半城镇化"现象——农民工离开农村来到城镇，他们在职业上是工人，在身份上却依然是农民和外来者，无法完全融入城镇中，流入地城镇对他们"只用一时，不管终生""经济上接纳，社会上拒绝"，企业对他们"取而不予，用而不养"，他们不仅难以享受到和城镇居民平等的公共服务与社会权益，而且和城镇劳动者相比，他们也面临"同工不同酬，同工不同时，同工不同权"的不公平待遇（辜胜阻和杨威，2012）。权益侵害普遍存在于他们的工作和生活中，导致了包括群体性事件在内的各种形式维权行动的发生。

然而，城镇化这一现状的改变在短、中期内无法实现，除了前述制度问题引起的发展机会差异，以及自然历史条件不同而造成的起点不同，更重要的是，这还取决于效率和公平的根本性矛盾。工业化和城镇化关系紧密。姜爱林（2004）提出，工业发展是城镇化的基本动力和经济内涵，城镇化是工业发展的基本土壤和必然表现。换句话说，工业发展需要资源的集聚，这既包括产业、企业和资本的集中，也包括劳动力和人口的集中。正是工业发展的集聚要求使得不同地区呈现了有差异的经济发展水平，从而引起了包括人口和劳动力在内的各种资源的流动与优化配置，城镇的产生和发展即源于该过程，源于集聚带来的经济效率和社会效率，而城镇本身的客观存在就是地区间的不均衡无法消除的证明。

进一步，当前中国的工业发展不仅面临不利的国际形势，也处于产业结构优化升级和产业组织合理化调整的困难与关键时期，地区发展的不平衡问题更加突出。2015年，全国东部、中部、西部及东北地区的国内（地区）生产总值和三次产业状况见表5-2。各地区不仅在城镇化的发展水平上差异较大，而且在工业发展水平上也是如此，极化现象正在加剧（胡伟和柯新利，2015）。究其原因，大量从中部、西部流入东部的劳动力显著促进了东部地区的工业和经济发展，扩大了地区发展的不平衡程度（潘越和杜小敏，2010）。这就将工业化、城镇化和人口迁移流动联系起来，工业化、城镇化的过去和现在决定了农民工的迁移流动方向及其变化，而农民工迁移流动的方向及其变化又决定了工业化和城镇化的现在与未来。如上节所述，这一过程形成了农民工个人决策的宏观背景，促进和构成了社会变迁的一部分，而全部的社会变迁又在不断改变农民工的个体，塑造和影响着集体行动事件的外部情境与内部情境，从而最终作用于农民工集体行动的演变。

表 5-2　全国东部、中部、西部及东北地区的国内（地区）生产总值和三次产业状况（2015 年）

指标	全国	东部地区		中部地区		西部地区		东北地区	
		数值	百分比	数值	百分比	数值	百分比	数值	百分比
总人口	137 462 万人	52 519 万人	38.3%	36 488 万人	26.6%	37 131 万人	27.1%	10 947 万人	8.0%
国内（地区）生产总值	685 506 亿元	372 983 亿元	51.6%	146 950 亿元	20.3%	145 019 亿元	20.1%	57 816 亿元	8.0%
第一产业	60 871 亿元	21 015 亿元	34.5%	15 864 亿元	26.1%	17 362 亿元	28.5%	66 14 亿元	10.9%
第二产业	280 560 亿元	162 421 亿元	50.6%	68 784 亿元	21.4%	64 736 亿元	20.2%	24 846 亿元	7.7%
第三产业	344 075 亿元	189 547 亿元	55.6%	62 302 亿元	18.3%	62 921 亿元	18.4%	26 356 亿元	7.7%

资料来源：《中国统计年鉴 2016》（中华人民共和国国家统计局，2016）

正是上述宏观原因和微观因素的交织，导致了目前农民工集体行动治理的困难。2008 年 1 月 1 日起施行《劳动合同法》，从立法背景和宗旨上看，该法的出台和相应的制度安排十分有必要，近年也取得了显著成效。张车伟（2008）提出，《劳动合同法》的实施有利于调整中国目前被扭曲的收入分配格局，解决中国经济发展中出现的一些深层次矛盾。但谢增毅（2010）认为，该法适用于所有企业和个体经济组织的合理性值得商榷，尤其金融危机以来，许多小企业经营困难，在用工方面存在较大负担，中国政府已经意识到应当在劳动和社会保障方面给予其一定优惠，但这一政策思路没有体现在《劳动合同法》中。现实中，中小企业由于技术和成本上的劣势，利润微薄，必然采用各种方法降低用工成本，具体表现为许多中小企业不愿和工人签订劳动合同，多数中小企业主逃避经济补偿金，部分中小企业虽有稳定用工的需求，但抵触无固定期限合同（冯玉军和方鹏，2012）。

雪上加霜的是，虽然一如许多研究者如李钢等（2009）提出，《劳动合同法》有助于维护正常的用工秩序，并不会增加守法企业的用工成本，但也有研究者如刘媛媛和刘斌（2014）发现，《劳动合同法》的实施加剧了企业的人工成本黏性从而导致了企业用机器设备替代人工的可能性，并且这一影响对民营企业而言尤为显著。丁守海（2010）则提出，《劳动合同法》的颁布压缩了企业对最低工资规定的回旋空间，提高工资标准对农民工就业的冲击扩大了，而由于二元就业制度抵消了《劳动合同法》在劳资关系监管中的潜在作用，受优先保护的城镇劳动力受到的就业冲击则较小。何一鸣和罗必良（2011）的观点是，由于信息成本的约束，地方政府可能缺乏介入企业和劳动者签订劳动合同的动力，而企业在这方面也将对劳动者采取歧视性策略，更倾向于和谈判能力相对较弱的农民工签订非全日制劳动合同，甚至只是达成口头协议。而从农民工角度看，其较弱的谈判能力和维权困境则来自其不足的人力资本、薄弱的物质资本、匮乏的社会资本（苏飞等，2013）和权利资本的缺失。其中，权利资本的状况取决于制度供给（王竹林，2010），至于人力资本、物质资本和社会资本的状况，虽然看似由农民工自身决定，但本书第3章已论证，它们是在社会变迁的作用下形成的，同样取决于制度供给。

5.3 基于城镇化进程推进的农民工集体行动治理的目标和原则

农民工集体行动治理的目标是多层面的。第一，从社会管理者角度，要维护社会的稳定。这种稳定不是表面的稳定，不是一时一事上的稳定，而是本质上的稳定，是社会的长治久安。这就要在具体事件中善于分析和总结，抓住突出问题和根本性矛盾，能够解决的及时解决，并防范同类事件再次出现，短、中期内无法解决的也要提出来并予以重视，设法逐步加以解决。第二，从集体行动的参与者角度，一方面要及时疏导农民工的情绪，合理引导他们的认识和行为，让他们自觉自愿地以正规途径维权，避免集体行动事件的继续和再次发生；另一方面也要针对他们的诉求和事实，设法从根本上解决问题，维护他们的正当权益，避免他们的权益再次受到侵害。第三，从企业角度，要在弄清楚事实的基础上，结合《劳动合同法》的普法宣传和监督执行，让农民工懂法、守法，自觉履行自身的职责。此外，在对困难企业予以帮助的同时，也要在调查研究的基础上补充和完善立法，加强法律的适用性和可操作性，维护社会公平与和谐稳定。

为实现上述目标，必须坚持以下原则。第一是以人为本。在农民工集体行动的治理中，应对弱势群体充分体现人文关怀，妥善解决问题。第二是依法办事。在农民工集体行动的治理中，必须坚持依法行政和公正司法，维护社会的公平正义。第三是立足全局和放眼长远。这一方面要求政府加强制度建设，在不断研究新情况和新形势的基础上，逐步完善相关法律和政策，使其具有更强的适用性和一定的前瞻性，并着重于事前预防和源头治理；另一方面要求坚持整体观念，对农民工权益维护和企业生存发展的正当诉求，要联系城镇化以及和城镇化紧密关联的工业化进程，将其纳入经济社会发展全局以统筹解决。

5.4 基于城镇化进程推进的农民工集体行动治理的政策措施

为实现前述多层面目标，在坚持以人为本和依法办事的原则下，立足全局和放眼长远，本书提出以下基于城镇化进程推进农民工集体行动治理的政策措施。

5.4.1 引导农民工理性就业维权，鼓励就近就地转移，加速人口城镇化

作为有限理性"经济人"，农民工在迁移和就业决策上容易出现失误，这是很多时候导致其权益遭遇侵害进而引起集体行动的重要原因。有鉴于此，我们需要对农民工的迁移和就业进行合理引导，帮助他们做出有利于自身和社会经济发展全局的决策。一方面，应做好公共就业服务，引导农民工正规就业，并提供权益维护服务，帮助农民工规避不良企业和合法维权；另一方面，为避免农民工扎堆大城市，应鼓励农民工就地就近转移，并通过完善社会保险制度、加快住房制度改革以及缩小地区差距和城乡差距，使回流农民工无后顾之忧。

第一，做好公共就业服务，引导农民工正规就业。各地的各级公共就业服务部门要加强信息收集，关注雇用农民工企业岗位信息的更新，并通过多种渠道及时发布，以便农民工能及时获取。应将农民工视为重点服务对象，定期举办专场招聘会，有针对性地协调农民工就业的供给和雇用农民工企业的岗位需求，满足企业和农民工双方的需要。应加快公共就业服务的网络化建设和改造，配合线下各种公共就业服务活动，使岗位信息更迅速、有效地向农民工传递。应充分利用社会职业中介服务机构，拓宽岗位信息的来源渠道，同时严格监管，严厉打击黑中介，严肃查处各违法违规的职业介绍活动和行为。

第二，提供权益维护服务，帮助农民工规避不良企业和合法维权。应将流入地和流出地普法相结合，以通俗易懂、生动活泼的形式在农民工集中的企业和地方宣传劳动保障法律法规与政策，使农民工积极主动了解相关知识，增强维权意识，依法维护自身的权益。应以电话和网络等便捷方式提供咨询渠道，使农民工能够方便获取劳动保障法律法规的信息服务和相关政策解答，并在遭遇权益侵害时及时得到法律援助。应定期和不定期地开展劳动保障执法检查，整治非法用工现象，监督企业在劳动合同的签订和执行及其他用工方面的行为，查处和纠正违法活动并建立信誉机制，将其作为企业准入的依据，预防发生侵害农民工权益的事件。

第三，避免农民工扎堆大城市，鼓励就地就近转移。应坚持以人为本，尊重农民工的就业自主选择权，通过多方位的政策支持和宣传引导，吸引农民工就地就近转移。中小城市和城镇应在承接国际和国内产业梯度转移的同时，适度发展符合社会经济发展需求及其变化趋势的劳动密集型产业，积极创造就业岗位，鼓励其优先雇用农民工。农村地区应在大力推进农业产业化转型的同时，加快道路和文化设施等项目建设，加强基础设施和公共服务体系的城乡一体化进展，在此

过程中组织引导农民积极参与，增加农民工的就业和收入。各地应广泛设立公共创业服务机构，为农民工创业提供培训指导、咨询建议、法律援助和其他各种支持，加大信贷支持力度，并提供优质金融服务，以多种政策优惠鼓励农民工返乡创业。

第四，完善社会保险制度，减少回流农民工的后顾之忧。应加强有针对性的农民工社会保障体系建设，提高农民工的社会保险参保率。对在原务工地已经参加社会保险的回流农民工，其户籍所在地的经办机构要提供流程明晰、简洁高效的服务，保障农民工社会保险关系的转移和接续。工伤保险方面，尤其对工伤高发的行业和职业，应通过宣传引导大力提高农民工的参保率，设立绿色通道，为因工受伤的农民工提供及时的工伤认定服务和劳动能力鉴定服务，缩短审核时间，符合规定的情况尽快给予工伤待遇。对发生工伤和职业病的回流农民工，应在督促原务工地继续做好工伤待遇给予工作的同时，由其现居住地村委会或社区提供跟踪服务，确保因工受伤和患职业病的农民工的相关权益。医疗保险方面，应在推进城镇居民医疗保险和新型农村合作医疗（以下简称新农合）制度整合的基础上，逐步建立统一的城乡居民医疗保险制度，保障农民工依法参加职工基本医疗保险或城乡居民医疗保险，享有与城镇职工和居民平等的基本医疗服务，过渡期间，对农民工于原务工地参加了城镇职工基本医疗保险而在解除劳动关系后未于户籍所在地参加新农合的情况，应做好医疗保险关系的转移接续服务，对农民工在务工地参加了城镇职工基本医疗保险而回到户籍所在地医疗保险定点医疗机构就医的情况，应提供异地就医结算服务，落实农民工医疗保险政策待遇。

第五，加快推进住房制度改革，为回流农民工提供良好的居住条件。对在本地实现再次就业的回流农民工，可由农民工所在企业按政府核定的优惠租金标准提供住房出租服务。对吸纳农民工较多的企业，应允许其享受相关政策优惠以建设农民工住房，或由企业为农民工以优惠价格承租政府建设的公共租赁住房。相关部门要设法将在城镇居住达到一定年限的、有稳定收入来源的回流农民工纳入住房保障范围，在农民工集中的地方建设合适面积的公共租赁住房，并鼓励企业采取多种方式向农民工提供居住服务。

第六，缩小地区差距和城乡差距，解决好回流农民工子女的教育和社会保障问题。各地应围绕县域义务教育均衡发展和城乡教育基本公共服务均等化目标，合理规划义务教育学校的布局，在统筹城乡教育资源配置的基础上，加大对农村学校和部分薄弱城镇学校的扶持力度，全面提高教育质量。对于回流农民工的子女，教育部门应保证其在义务教育阶段入学享受公平待遇，在校期间平等接受教育，参加升学考试方面也适用于无差别政策。卫生部门应保障农民工子女享受免疫服务的权益。学龄前儿童应享有城镇居民医疗保险或城乡居民医疗保险等形式的医疗保障，在校就读的农民工子女应由学校在其所在地社会保险经办机构统一办理医疗保险。

5.4.2 加快相关制度改革，提升农民工各种资本，积极推动社会城镇化

除在迁移和就业上的有限理性，农民工从农村来到城镇，受限于制度和现实，不能完成彻底的市民化而处于半城镇化的边缘人状态，这是很多时候导致他们的权益得不到保障进而引发集体行动的原因。在上述对农民工迁移和就业的引导之外，促进农民工在城镇的市民化融合，推动人口的城镇化也尤为重要。这就要求加快户籍改革进程，推动农民工在身份上向城镇市民的转化，并加快与户籍制度相关的配套制度改革，消融农民工市民化的隐性户籍墙，同时提升农民工的人力资本、物质资本、社会资本和权利资本，从主观方面提升其市民化能力。

第一，加快户籍改革进程，推动农民工身份转化。2014 年，《国务院关于进一步推进户籍制度改革的意见》（国发〔2014〕25 号）提出建立城乡统一的户口登记制度。至 2017 年初，在党中央和国务院的领导下，户籍制度改革已取得了重大成绩，农业转移人口市民化面临的制度性难题逐步破解，但户籍制度改革的任务仍然艰巨繁重，应进一步细化户籍制度改革实施方案，制定出台更加积极、更加宽松的户口迁移政策，统筹配套更多领域、更大范围的具体改革措施（中华人民共和国公安部，2017）。

第二，加快相关配套制度改革，消除隐性户籍墙。虽然随着户籍制度改革进程的加快，由农业户口和非农业户口的区分导致的显性户籍墙已不再是农民工迁移流动的阻碍，但在农村退出、城镇进入和城镇融合的诸环节，农民工还面临韧性强劲的隐性户籍墙。在农村退出环节，改革开放之初实行的家庭联产承包责任制将农村土地的所有权和承包经营权分设，充分调动了广大农民的劳动积极性，但随着生产力的发展，现阶段应深化农村土地制度改革，顺应农民保留土地承包权、流转土地经营权的意愿，将土地承包经营权分为承包权和经营权，实行所有权、承包权、经营权分置并行（中共中央办公厅和国务院办公厅，2016）。这一过程具有长期性和复杂性，需要大量实践探索和制度创新，以总结形成适合不同地区的具体路径和办法。在城镇进入环节，受农民工自身综合素质的限制和劳动市场二元分割的影响，农民工在城镇的工作多半具有收入低、时间长、强度大、环境差和保障缺乏等次属劳动市场的典型特点，要改变这一现状，需要从统筹城乡经济社会发展入手，在提高农民工综合素质的同时，促进劳动力市场的整合。在城镇融入环节，和过去的二元户籍制度对接的城镇社会保障制度改革滞后于户籍制度改革，目前在不少地方仍具一定的封闭性，没有将农民工纳入城镇社会保障体系之中，或者在各项社会保障的接续转移方面仍需实践探索和归纳总结。

第三，提升农民工的人力资本，促使其彻底转化。为提升农民工的人力资本，应加大资助力度，充分利用现有资源及资源服务平台，搭建面向农民工开放的提供优质网络学习资源的公共服务平台，在尊重农民工意愿的基础上，为他们提供相应的学历继续教育，同时根据经济社会发展的需要和产业结构调整的需求，向农民工提供相关技能培训和与创新及创业相关的知识技能，建立和发展线上线下相结合，非学历与学历教育并重，工作学习一体化的农民工继续教育新模式（教育部和中华全国总工会，2016）。此外，健康也是人力资本的重要构成部分，身体健康有助于农民工获得更多的就业机会，为此应提供公共服务，加强对农民工的健康管理和健康促进，完善农民工多元化健康服务保障体系，同时培养和强化农民工的健康意识，引导和帮助他们改变有损于健康的劳动方式。健康还包括心理健康，应在通过制度改革转变农民工城镇边缘人状态的基础上，在农民工集中的企业、村委会和社区建立心理咨询机构，及时提供心理干预和建议，疏导影响他们工作和生活的负面心理因素，缓解和消除他们的不良情绪。

第四，提升农民工的物质资本，增强市民化能力。农民工物质资本的提升依赖于其收入的增加。首先，应增加农民工的务工收入。应结合经济社会发展的现状和趋势，适度发展吸纳较多农民工就业的劳动密集型产业和企业，对促进农民工就业起到积极贡献的中小企业给予一定的政策优惠和扶植，促进农民工就业岗位的增加，提高农民工的工资和劳动报酬。应在加强农民工学历和非学历继续教育的同时，优化劳动市场的就业环境，逐步实现城乡居民公共就业服务均等化，消除二元歧视，使农民工和城镇的本地劳动者同工同酬，帮助农民工更好地实现就业和工资性收入增长。应加大国家对企业工资的调控和指导，积极发挥《劳动合同法》与最低工资标准等的作用，逐步提高工资标准，使农民工的工资稳定增长，与经济社会发展水平和农民工自身的劳动贡献相匹配，同时严格监督并完善农民工工资的支付保障。其次，保障农民工的财产性收入。应严格保护农民工的土地权益，加快农村承包地和宅基地等的确权登记颁证工作，并顺应农民工保留土地承包权和流转土地经营权的意愿，实行土地所有权、承包权和经营权的三权分置并行。在农村土地制度试点改革的同时，继续推进农村集体产权制度改革，探索非经营性资产的集体运营管理机制，明晰经营性资产的产权，有序推进经营性资产股份合作制改革，建立健全收益分配制度并加强监督管理，保障农民工财产性收入不断增长。最后，拓宽农民工的收入增长渠道。应支持和鼓励农民工的创新和创业，在完善财税金融优惠政策的同时降低创业准入门槛，鼓励更多农民工自主创业和返乡创业，使其增收呈现多元化渠道。

第五，提升农民工的社会资本，推动其彻底融入。农民工社会资本的提升需要农民工自身和政府以及社会公众的共同努力。就农民工自身而言，一方面，其应增强社会资本意识，主动融入流入地城镇，明确只有实现流入地城镇的社会融入,才能弥补离开原居地关系网络而导致的社会资本减少,才能建立和积累有利于在现居地工作与生活的社会资本;另一方面,应着眼于社会资本和人力资本的相关性,在通过人力资本的投资和积累从而获得更高收入的同时,也不断拓展关系网络,加强在社会资本上的投资和积累,并重视在文化和认知方面的城镇适应性,推动自身在生活方式和价值观念上的城镇社会融入。就政府而言,各地应结合针对农民工的学历和非学历继续教育,以定期或不定期开展相关宣传活动的方式,将以城镇化为特征之一的现代文明社会的制度规范、价值观念和生活态度等知识向农民工有效传递,帮助他们树立正确的人生观、价值观和世界观,引导他们提升人力资本的同时,增强其在城镇的社会融入能力和适应性。就社会公众而言,其应避免对农民工的污名化,消除城镇市民对农民工的歧视、偏见和刻板印象,政府应宣传和肯定农民工对社会经济发展与城镇化建设做出的贡献,积极主动地和农民工进行交流沟通,帮助农民工解决在流入地城镇的工作和生活困难,改变农民工和城镇市民之间的疏远、排斥,使农民工更好地融入城镇社会。

第六,提升农民工的权利资本,保障其权益实现。农民工应增强权利意识,认真学习《劳动合同法》与相关法律法规以及政策,规避黑中介与不良企业,当遭遇权益侵害时,主动用法律武器捍卫自身利益,以正规的制度化途径维权。相关部门应针对农民工在生活和工作中的具体需求,加强对《劳动合同法》与相关法律法规以及政策的普及宣传,并提供便捷的咨询服务和及时的法律援助,认真听取农民工的诉求和意见,维护他们的正当权益。各地还应加强对农民工的组织覆盖,大力推动面向农民工的基层社会组织建设,扩大对农民工的组织覆盖率,尤其应推动农民工工会的组建和发展,通过多种措施和渠道吸引农民工入会,同时完善相关制度,加强对农民工的工会会员会籍管理。各地还应以农民工集中的村委会和社区以及招收农民工较多的用人单位为载体,积极建设农民工参政议政和表达权利诉求的组织化与制度化渠道,改变农民工政治权利薄弱、经济权利脆弱和社会权利缺乏的现状,真正将农民工吸纳到城镇建设和管理中来,维护其合法权益。

5.4.3 以市场化导向优化土地供应,调控房地产价格,推动土地城镇化

中国土地城镇化自身的问题及其与人口城镇化发展的不协调自金融危机以来更加严重,导致了诸多社会问题,尤以部分城市房地产价格的飞涨和企业成本的猛增引人注目。企业侵害农民工权益的现象由此频繁发生,引起农民工以集体行动维权。为此,应优化调整城镇建设用地供给,缓解房地产市场供求矛盾,从全局出发调控需求,遏制房地产市场价格的过快上涨,尊重市场规律,坚持中国特色城镇化道路的市场化导向。

第一，优化调整城镇建设用地供给，缓解房地产市场供求矛盾。城镇建设用地的不足是城镇化进程中许多城市房地产价格居高不下的重要原因。一方面，应设法提高城镇存量建设用地的利用效率。这要求严格执行现有的土地使用标准，并在合适的情况下予以逐步提高，同时在坚持政府统筹规划和全盘引导的前提下，充分发挥市场机制的作用，探索如何以有效方式盘活城镇的存量建设用地，建立和健全城镇存量建设用地的退出机制，实现城镇低效用地的再开发，进一步完善节约、集约用地制度。为此，应合理调控城镇建设用地的供给。另一方面，可考虑通过财税、金融、农业科技、粮食安全等方面的改革创新及配套措施，取消农地转用年度额度限制以及国家对农地总量的控制，转而实行由地方政府决定的土地利用总体规划（中国金融40人论坛课题组，2013）。

第二，从全局出发调控需求，遏制房地产市场价格的过快上涨。造成房地产价格居高不下的原因不仅在于城镇建设用地的供给，还在于城镇化进程中人们不断提高的对部分城镇的房地产需求。这包括农业人口转移带来的对流入地城镇住房的"刚需"，还包括城镇居民对住房的改善型需求等。而由于土地进而住房的供给端受政府控制，需求在局部地区过剩的现象进一步呈现。为应对房地产价格在一些地方的过快上涨，除通过改革相关制度以扩大土地和住房的供给外，还应注重对房地产市场需求端的调控。一方面，针对中小城市和城镇住房库存量大，而大城市库存短缺的情况，应将"分类调控"作为基本原则，从全局出发，以产业发展带动广大中小城市和城镇的发展，促进中小城市和城镇的基础设施建设与社会保障体系建设，积极创造就业岗位，以优惠政策鼓励劳动力向中小城市和城镇转移，在减少大城市房地产需求、缓和供求矛盾的同时，降低中小城市和城镇房地产市场的去库存压力。另一方面，应建立健全不动产登记制度，完善财产公开制度，设计和逐步实行科学、合理的房产税制度，配合最低首付款比率和贷款利率等政策，在满足"刚需"自住和改善型需求的基础上，多方位遏制房地产市场的投机行为。与此同时，改革收入分配制度，不断提高低收入群体的收入水平，提高符合人民群众需求的中小套型商品住房的供应，加快保障性安居工程的建设，加强保障性住房的后续管理，加快各类棚户区改造，并进一步完善住房租赁市场。

第三，尊重市场规律，坚持中国特色城镇化道路的市场化导向。中国特色的新型城镇化道路，需要在坚持党和政府的统筹指导下，不断探索市场化导向的实现路径。市场化导向不仅有利于产业布局的优化和产-城融合，有利于城镇化进程中的基础设施建设和公共服务的提供，而且有利于这一过程中房地产市场发展的健康、稳定（王文涛，2017）。这就要求政府尊重市场规律，充分认识到城镇化是人、财、物等资源在不断的流动聚集中优化配置的过程和结果，从而在城镇化进程中，始终坚持以需求和市场为导向，充分发挥价格和市场机制对土地与住房供求调控的作用，以市场路径解决城镇化进程中突显的土地有效供给不足和住房需求局部过剩问题。在此过程中，一方面要坚持政府的统筹安排和协调指导，发挥政府在提供公共服务、政策激励和经济社会管理方面的应有作用；另一方面也要合理约束和规范政府的行为，防止政府过度干预市场，扭曲价格信号。与此同时，还应扩大对外开放和行业准入，合理利用、充分发挥外资与民营资本在城镇化建设中的作用，拓宽融资渠道，多元筹集建设资金，弥补城镇化的资金缺口，改变主要由"土地财政"和地方政府融资平台构成的城镇化建设模式，避免地方政府在城镇化建设中的短期行为，以市场方式最大限度地调动所有社会资源参与到城镇化建设中来，解决城镇化进程中土地和住房的供求矛盾。

5.4.4 加快产业结构的调整，力促工业发展转型升级，带动经济城镇化

工业化与城镇化联系紧密，表现和构成了城镇化的经济方面。工业化进程中，产业结构不断调整和优化升级，部分行业出现产能过剩，一些落后产能则导致了严重的环境污染。这是许多雇用农民工的中小企业效益不佳，在市场竞争中面临淘汰的原因，也引起了部分企业对农民工权益的侵害进而引发了农民工的集体维权。这就要求政府推进信息化与工业化融合，以创新驱动化解产能过剩，同时加快产业的技术改造和节能降耗，促进绿色制造的发展，并以产业转移优化产业布局，促进大、中、小企业协调发展。

第一，推进信息化与工业化融合，以创新驱动化解产能过剩。部分行业产能过剩矛盾的化解，需要坚持将产业结构的调整和优化升级作为工业化发展的实践方向，在大力发展先进制造业的同时，积极改造和提升传统产业，注重工业化质量的提升和效益的增长。首先，应针对不同地区和不同产业的实际状况，结合经济社会发展的要求，因地制宜，分行业和分类别，在充分发挥价格和市场机制作用的基础上，综合运用经济、法律以及必要的行政和政策手段，改善对产业发展的宏观调控。一方面，应加强相关行业规范和行业准入管理，促使现有企业和新进入企业优化提升技术装备水平和经营管理水平；另一方面，应加强对行业产能的动态监测，建立健全产能过剩预警机制，完善相关企业退出机制，引导不符合经济社会发展要求的低效企业主动退出产能过剩行业。其次，应在加强支撑能力建设、完善相关政策环境和体制机制的基础上，坚持走以创新驱动的中国特色新型工业化道路，加快经济社会在各个领域的信息化进程，进一步推进信息化与工业化的深度融合。这要求政府继续提升信息化水平，以快速的信息化带动工业发展，不断加强新一代信息技术在工业化进程中的应用，大力推进制造业的数字化和网络化以及生产过程的智能化，积极发展智能制造，通过科技重大专项和智能制造装备发展专项的实施，大力支持工业互联网的建设和发展，不断扩大其覆盖范围，推动跨领域跨行业协同创新，全面提升企业在研发生产、管理服务方面的

智能化水平，积极培育新型生产方式，大力发展新兴产业，同时加快传统产业的转型和升级，促进工业由大变强。

第二，加快产业的技术改造和节能降耗，促进绿色制造的发展。针对落后产能导致的严重环境污染，应继续推进企业技术改造。一方面，在体制和机制上，应明确支持符合经济社会发展要求的重大项目、重点行业、重要企业和高端产品生产进行技术改造的政策方向，研究制订着眼长期的导向性计划，并优化投资结构，拓展多元化的资金来源渠道，保障技术改造的资金规模稳定和不断扩大。与此同时，应完善政策体系，推动技术改造立法，在加强激励和约束机制的基础上，引导行业和企业采用先进、适用的技术进行生产经营，并围绕工业化与信息化的深度融合，结合市场需求及其变化趋势，优化产品和服务。另一方面，应以节能降耗为目标，促进绿色制造的发展。这首先要求在研发方面加大对先进的节能技术与环保技术的投入力度，以符合节能和环保要求的技术进步加快制造业的产业结构调整与升级优化，实现制造业生产的低碳清洁和循环集约，不断提高行业和企业的资源利用效率，构建符合绿色发展要求的新型制造业体系。其次，这要求进一步限制和缩小污染企业与落后产能的规模，淘汰不符合节能与环保要求的产品设备及其制造能力，加快推进污染低效企业进行技术改造升级，研发推广绿色工艺和产品设备，应用清洁、高效的加工工艺实现绿色生产。与此同时，应积极推广循环生产方式，提升大能耗产品设备的能效水平，充分利用绿色低碳能源，减少生产过程的能耗、物耗和水耗，并支持新材料、新能源等绿色产业的发展，积极构建绿色制造体系。最后，还要求建立健全关于节能与环保的法律法规和政策体系，完善和强化绿色监管。

第三，以产业转移优化产业布局，促进大、中、小企业协调发展。产业转移是化解局部地区产能过剩和环境污染问题的有力措施之一，应根据国家区域发展的总体战略安排，按照资源环境中的"短板"因素确定各地可承载的人口与经济规模以及适宜的产业结构，把调整空间结构纳入经济结构的调整中。可考虑在积极推动环渤海湾经济圈和长三角、珠三角经济圈协同发展的基础上，引导部分产业向中、西部地区合理和有序转移，在尊重市场规律和工业化要求的前提下，发挥政府引导功能，在一些中小城市和城镇创建一些承接产业转移的示范园区。在此过程中，还应采取多种方法激发中小企业的经济活力，支持企业间的战略合作与兼并重组，发挥规模经济和范围经济的优势，带动一批高水平中小企业集群自下而上形成，以此加强中、西部地区工业核心竞争力的提升，健全与工业发展配套的公共服务体系，推动东部、中部和西部地区的工业化进程协调同步。

参 考 文 献

阿里研究院. 2017. 中国淘宝村研究报告（2016）. http://www.aliresearch.com/blog/article/ detail/ id/21242.html [2017-01-25].

阿耐. 2013. 民企江湖. 郑州：河南文艺出版社.

敖丽红, 韩远, 贺翔. 2016. 中国新型城镇化发展与供给侧结构性改革的路径研究. 中国软科学, (11)：98-108.

蔡禾, 李超海, 冯建华. 2009. 利益受损农民工的利益抗争行为研究——基于珠三角企业的调查. 社会学研究, (1)：139-161.

岑敏华, 张伟, 罗向明. 2015. 农民工职业病风险传导路径与职业病保险补偿模式优化研究. 现代经济探讨, (8)：69-73.

陈凤桂, 张虹鸥, 吴旗韬, 等. 2010. 我国人口城镇化与土地城镇化协调发展研究. 人文地理, (5)：53-58.

陈浩, 薛婷, 乐国安. 2012. 工具理性、社会认同与群体愤怒——集体行动的社会心理学研究. 心理科学进展, 20（1）：127-136.

陈映芳. 2006. 行动力与制度限制：都市运动中的中产阶层. 社会学研究, (4)：1-20, 242.

崔晶, 宋红美. 2015. 城镇化进程中地方政府治理策略转换的逻辑. 政治学研究, (2)：55-68.

丁富军, 吕萍. 2010. 转型时期的农民工住房问题——一种政策过程的视角. 公共管理学报, 7（1）：58-66, 125-126.

丁守海. 2010. 最低工资管制的就业效应分析——兼论《劳动合同法》的交互影响. 中国社会科学, (1)：85-102, 223.

董延芳, 刘传江, 胡铭. 2011. 新生代农民工市民化与城镇化发展. 人口研究, (1)：65-73.

冯仕政. 2015. 社会冲突、国家治理与"群体性事件"概念的演生. 社会学研究, (5)：63-89.

冯玉军, 方鹏. 2012. 《劳动合同法》的不足与完善——《劳动合同法》在中小企业适用的法经济学分析. 法学杂志, 33（2）：24-32.

辜胜阻, 杨威. 2012. 反思当前城镇化发展中的五种偏向. 中国人口科学, (3)：2-8.

辜胜阻, 郑超, 方浪. 2014. 城镇化与工业化高速发展条件下的大气污染治理. 理论学刊, (6)：42-45.

顾宝昌, 罗伊. 1996. 中国大陆、中国台湾省和韩国出生婴儿性别比失调的比较分析. 人口研究, (5)：1-16.

关兴良, 魏后凯, 鲁莎莎, 等. 2016. 中国城镇化进程中的空间集聚、机理及其科学问题. 地理研究, 35（2）：227-241.

广东省统计局, 国家统计局广东调查总队. 2009. 广东统计年鉴 2009. http://www.gdstats.gov.cn/ tjsj/gdtjnj/ [2009-08-09].

广东省统计局, 国家统计局广东调查总队. 2010. 广东统计年鉴 2010. http://www.gdstats. gov.cn/

tjsj/gdtjnj/ [2010-08-05].

广东省统计局,国家统计局广东调查总队. 2011. 广东统计年鉴 2011. http://www.gdstats.gov.cn/tjsj/ gdtjnj/ [2011-08-11].

广东省统计局,国家统计局广东调查总队. 2012. 广东统计年鉴 2012. http://www.gdstats.gov.cn/tjsj/gdtjnj/ [2012-07-26].

广东省统计局,国家统计局广东调查总队. 2013. 广东统计年鉴 2013. http://www.gdstats.gov.cn/tjsj/gdtjnj/ [2013-07-08].

广东省统计局,国家统计局广东调查总队. 2014. 广东统计年鉴 2014. http://www.gdstats.gov.cn/tjsj/gdtjnj/ [2014-09-11].

广东省统计局,国家统计局广东调查总队. 2015. 广东统计年鉴 2015. http://www.gdstats.gov.cn/tjsj/gdtjnj/ [2015-08-10].

广东省统计局,国家统计局广东调查总队. 2016. 广东统计年鉴 2016. http://www.gdstats.gov.cn/tjsj/gdtjnj/ [2016-08-11].

郭永运. 1994. 正确处理群体性事件 认真做好维护社会稳定的工作——学习《邓小平文选》第三卷的一些体会. 政法学报,(3):20-22.

郭于华. 2002. "弱者的武器"与"隐藏的文本"——研究农民反抗的底层视角. 读书,(7):11-18.

国家统计局. 2016. 2015 年农民工监测调查报告. http://www.stats.gov.cn/tjsj/zxfb/201604/t20160428_1349713.html [2016-04-28].

国家卫生和计划生育委员会疾病预防控制局. 2016. 关于印发加强农民工尘肺病防治工作的意见的通知. http://www.nhfpc.gov.cn/jkj/s5898b/201601/9123d6e48eb842fab508fa061f5b62d9.shtml [2016-01-08].

韩伟,徐蕾,穆怀中,等. 2010. 农民工失业保险制度研究. 中国软科学,(8):37-45,185.

韩伟,朱晓玲. 2011. 农民工对失业保险的潜在需求研究——基于河北省的社会调查. 人口学刊,(1):54-58.

何贵兵,张平. 2004. 个人影响力在群体决策整合过程中的作用:对 SDS 理论的扩展. 心理学报, 36(1):37-43.

何晓红. 2011. "街头起哄""围观宣泄"与"报复性抗争"——新生代农民工政治行为无序的应对探讨. 中国青年研究,(12):20-23.

何一鸣,罗必良. 2011. 政府监督博弈、企业协约权利管制与农民工雇佣权益保护——以《劳动合同法》为例. 中国农村经济,(6):26-36.

和经纬,黄培茹,黄慧. 2009. 在资源与制度之间:农民工草根 NGO 的生存策略以珠三角农民工维权 NGO 为例. 社会,(6):1-21,222.

郭东. 2016. 河北:2017 年起失业人员失业保险金标准提高. http://he.people.com.cn/n2/2016/1208/c192235-29431475.html [2016-12-08].

河北省人民政府. 2014. 河北省人民政府关于印发化解产能严重过剩矛盾实施方案的通知. http://info.hebei.gov.cn/hbszfxxgk/329975/329982/6200199/index.html [2014-02-20].

河北省统计局,国家统计局河北调查总队. 2016. 河北省 2015 年国民经济和社会发展统计公报. http://www.hebei.gov.cn/phone/11062178/11068854/13303268/index.html [2016-02-25].

河南省人民政府. 2012. 河南省人民政府关于印发河南省高等学校设置"十二五"规划的通知.

https://www.henan.gov.cn/2012/10-08/238360.html [2012-09-13].

洪小良. 2007. 城市农民工的家庭迁移行为及影响因素研究——以北京市为例. 中国人口科学，(6)：42-50，96.

胡安俊, 孙久文, 姚鹏. 2014. 中国城镇化发展战略：从冒进到适度的地理版图. 经济管理，(5)：37-44.

胡荣. 2007. 农民上访与政治信任的流失. 社会学研究，(3)：39-55，243.

胡伟, 柯新利. 2015. 中国城镇化、工业化协同发展的区域差异及演变路径. 城市问题，(10)：12-18，35.

黄光祖, 李昱. 1994. 市场经济条件下人民内部矛盾和群体性事件及其处置. 公安研究，(6)：36-38，52.

黄松禄. 1994. 关于当前社会治安问题的调查与思考. 公安研究，(3)：34-36.

黄裕安. 2011. 新生代农民工问题的社会反应方式与改革对策——以富士康N连跳为例. 中国青年研究，(1)：25-30.

黄振辉, 王金红. 2010. 捍卫底线正义：农民工维权抗争行动的道义政治学解释. 华南师范大学学报（社会科学版），(1)：21-26，157-158.

姜爱林. 2004. 城镇化与工业化互动关系研究. 财贸研究，15（3）：1-9.

教育部, 中华全国总工会. 2016. 农民工学历与能力提升行动计划——"求学圆梦行动"实施方案. http://www.jyb.cn/info/jyzck/201603/t20160324_655800.html [2016-03-24].

金盛华, 刘蓓. 2005. 当代中国工人价值取向：状况与特点. 心理科学，28（1）：244-247.

孔凡义. 2011. 从政治边缘人到集体行动者：农民工行为的演变逻辑. 科学决策，(7)：49-61.

雷晓天. 2011. 新生代产业工人集体行动的动力机制研究. 兰州学刊，(9)：97-101.

李超海. 2009. 农民工参加集体行动及集体行动参加次数的影响因素分析——基于对珠江三角洲地区农民工的调查. 中国农村观察，(6)：45-53，96.

李春玲. 2010. 高等教育扩张与教育机会不平等——高校扩招的平等化效应考查. 社会学研究，(3)：82-113.

李春玲. 2014. "80后"的教育经历与机会不平等——兼评《无声的革命》. 中国社会科学，(4)：66-77，205.

李钢, 沈可挺, 郭朝先. 2009. 中国劳动密集型产业竞争力提升出路何在——新《劳动合同法》实施后的调研. 中国工业经济，(9)：37-46.

李进武. 1994. 关于妥善处置群体性事件 维护社会稳定的思考. 山东公安丛刊，(3)：44-46.

李强. 2001. 城市农民工的失业与社会保障问题. 新视野，(5)：46-48.

李琼英. 2013. 农民工集体行动参与的代际差异性实证分析——基于珠三角的调查数据. 学术界，(7)：172-181，310-311.

李艳. 2011. 新生代农民工的利益诉求与管理策略——以南海本田停工事件为例. 中国人力资源开发，(4)：90-92.

李煜珏, 郭春华. 2010. 我国农民工群体性事件成因的研究现状与前瞻. 劳动保障世界（理论版），(9)：30-35.

梁晨, 李中清, 张浩, 等. 2012. 无声的革命：北京大学与苏州大学学生社会来源研究(1952-2002). 中国社会科学，(1)：98-118.

梁宏. 2013. 生存还是发展，利益还是权利？——新生代农民工集体行动意愿的影响因素分析.

中国农村观察，（1）：48-58，92.

刘伯龙，袁晓玲，张占军. 2015. 城镇化推进对雾霾污染的影响——基于中国省级动态面板数据的经验分析. 城市发展研究，22（9）：23-27，80.

刘传江，赵颖智，董延芳. 2012. 不一致的意愿与行动：农民工群体性事件参与探悉. 中国人口科学，（2）：87-94.

刘德海，王维国. 2011. 群体性突发事件争夺优先行动权的演化情景分析. 公共管理学报，（2）：101-108.

刘建洲. 2011. 农民工的抗争行动及其对阶级形成的意义——一个类型学的分析. 青年研究，（1）：33-43，95.

刘能. 2004. 怨恨解释、动员结构和理性选择——有关中国都市地区集体行动发生可能性的分析. 开放时代，（4）：57-70.

刘尚亮，沈惠璋，李峰，等. 2012. 突发危机事件中群体性事件产生的动态博弈分析. 系统管理学报，（2）：201-205.

刘彦随，刘玉. 2010. 中国农村空心化问题研究的进展与展望. 地理研究，29（1）：35-42.

刘媛媛，刘斌. 2014. 劳动保护、成本粘性与企业应对. 经济研究，（5）：63-76.

卢晖临，潘毅. 2014. 当代中国第二代农民工的身份认同、情感与集体行动. 社会，（4）：1-24.

倪建伟，桑建忠. 2016. 农民工城市住房成本与分担方式——一个文献研究. 经济体制改革，（6）：78-83.

潘越，杜小敏. 2010. 劳动力流动、工业化进程与区域经济增长——基于非参数可加模型的实证研究. 数量经济技术经济研究，（5）：34-48.

秦佳，李建民. 2013. 中国人口城镇化的空间差异与影响因素. 人口研究，37（2）：25-40.

任金贤，魏东，童武志，等. 1994. 当前企业不安定因素及对策. 公安大学学报，（6）：68-72.

任焰，潘毅. 2006. 宿舍劳动体制：劳动控制与抗争的另类空间. 开放时代，（3）：124-134.

山西省公安厅三处. 1994. 关于当前影响社会稳定的不安定因素的调查. 警学研究，（3）：25-29.

深圳市宝安区统计局. 2015. 深圳市宝安区统计年鉴 2014. http://www.baoan.gov.cn/xxgk/qzfxxgkml/tjsj/tjnj/201606/t20160620_3710704.htm [2015-12-03].

深圳市宝安区统计局. 2016. 深圳市宝安区统计年鉴 2015. http://www.baoan.gov.cn/xxgk/qzfxxgkml/tjsj/tjnj/201704/t20170419_6145200.htm [2016-12-23].

深圳市统计局，国家统计局深圳调查队. 2016. 深圳统计年鉴 2015. http://www.sz.gov.cn/cn/xxgk/zfxxgj/tjsj/tjnj/201606/t20160607_3686823.htm [2016-06-07].

深圳市统计局，国家统计局深圳调查队. 2017. 深圳统计年鉴 2016. http://www.sz.gov.cn/cn/xxgk/zfxxgj/tjsj/tjnj/201701/t20170120_5943580.htm [2017-01-20].

石发勇. 2008. 社会资本的属性及其在集体行动中的运作逻辑——以一个维权运动个案为例. 学海，（3）：96-103.

苏飞，马莉莎，庞凌峰，等. 2013. 杭州市农民工生计脆弱性特征与对策. 地理科学进展，32（3）：389-399.

汪建华. 2013. 实用主义团结——基于珠三角新工人集体行动案例的分析. 社会学研究，（1）：206-227，245-246.

王德文，吴要武，蔡昉. 2004. 迁移、失业与城市劳动力市场分割——为什么农村迁移者的失业率很低？. 世界经济文汇，（1）：37-52.

王国勤. 2007. 当前中国"集体行动"研究述评. 学术界, (5): 264-273.
王会, 王奇. 2011. 中国城镇化与环境污染排放: 基于投入产出的分析. 中国人口科学, (5): 57-66, 111-112.
王济晟. 1994. 关于河南农村社会治安的调查与思考. 河南公安学刊, (6): 5-9.
王晴锋. 2010. 农民工集体行动因素分析. 中国农业大学学报（社会科学版）, (2): 51-62.
王文涛. 2017-01-23. 农民进城应走好市场化道路. 人民日报, (07).
王秀全. 1994. 试论城市公安局决策指挥系统建设的原则. 河南公安学刊, (5): 58-61.
王重鸣, 陆兴海. 1997. 不同年龄城乡青少年价值取向的多方法复合式分析. 心理科学, 20 (2): 104-108, 190.
王竹林. 2010. 农民工市民化的资本困境及其缓解出路. 农业经济问题, 31 (2): 28-32.
魏后凯. 2014. 中国城镇化进程中两极化倾向与规模格局重构. 中国工业经济, (3): 18-30.
魏下海, 董志强, 张建武. 2012. 人口年龄分布与中国居民劳动收入变动研究. 中国人口科学, (3): 44-54, 111-112.
翁定军. 2005. 冲突的策略: 以S市三峡移民的生活适应为例. 社会, (2): 112-136.
谢秋山, 许源源. 2012. "央强地弱"政治信任结构与抗争性利益表达方式——基于城乡二元分割结构的定量分析. 公共管理学报, 9 (4): 12-20, 122-123.
谢岳. 2010. 从"司法动员"到"街头抗议"——农民工集体行动失败的政治因素及其后果. 开放时代, (9): 46-56.
谢增毅. 2010. 劳动法与小企业的优惠待遇. 法学研究, (2): 97-109.
熊景维, 钟涨宝. 2016. 农民工家庭化迁移中的社会理性. 中国农村观察, (4): 40-55, 95-96.
徐晓军, 张必春. 2009. 论返乡青年农民的灰恶化与集体行动风险. 广东社会科学, (3): 157-164.
徐永祥, 胡兵. 2013. 以"可行能力"剥夺看待农民工抗争行动——以上海为例的一项研究. 复旦政治学评论, (1): 115-143.
徐增阳, 姬生翔. 2015. 农民工非制度化维权倾向的影响因素研究——基于全国1554个农民工样本的分析. 中国软科学, (1): 67-76.
叶德宇. 1994. 关于台州地区农村社会治安的调查报告. 青少年犯罪问题, (5): 34-38.
叶铁桥, 田国垒. 2012-04-16. 寒门子弟为何离一流高校越来越远. 中国青年报, (7).
银锋. 2014. 新生代农民工利益抗争行动选择之新趋势——基于广东省佛山市南海高新园区的调研. 经济问题, (3): 99-102.
应星. 2007. 草根动员与农民群体利益的表达机制——四个个案的比较研究. 社会学研究, (2): 1-23, 243.
于建嵘. 2000. 利益、权威和秩序——对村民对抗基层政府的群体性事件的分析. 中国农村观察, (4): 70-76.
于建嵘. 2003. 我国现阶段农村群体性事件的主要原因. 中国农村观察, (6): 75-78.
余永定, 李军. 2000. 中国居民消费函数的理论与验证. 中国社会科学, (1): 123-133, 207.
翟学伟. 2009. 是"关系", 还是社会资本. 社会, (1): 109-121.
张车伟. 2008. 《劳动合同法》将开启劳动关系的新时代. 经济管理, (9): 22-24.
张锋, 高建昆, 窦刚. 2000. 11-15岁学生性格发展模式的研究. 心理学探新, 20 (3): 33-38.
张磊. 2005. 业主维权运动: 产生原因及动员机制——对北京市几个小区个案的考查. 社会学研究, (6): 1-39, 243.

张书维，王二平，周洁. 2010. 相对剥夺与相对满意：群体性事件的动因分析. 公共管理学报，(3)：95-102，127.

赵德雷. 2014. 内化的污名与低劣之位——建筑装饰业农民工底层地位的"合法性". 青年研究，(2)：83-93，96.

赵鼎新. 2005. 西方社会运动与革命理论发展之述评——站在中国的角度思考. 社会学研究，(1)：168-209，248.

赵鼎新. 2006. 社会与政治运动讲义. 北京：社会科学文献出版社：68，69，299.

赵树凯. 1999. 社区冲突和新型权力关系——关于 196 封农民来信的初步分析. 中国农村观察，(2)：40-48.

郑广怀. 2007. 资历与信息的制约——影响农民工维权的微观因素分析. 清华法律评论，(0)：43-54.

郑思齐，廖俊平，任荣荣，等. 2011. 农民工住房政策与经济增长. 经济研究，46（2）：73-86.

郑卫东. 2014. 农民工维权意愿的影响模式研究基于长三角地区的问卷调查. 社会，34（1）：120-147.

郑训斌. 1994. 浅析几种经济利益矛盾引发的群体性事件. 公安研究，(6)：39-41.

中共中央办公厅，国务院办公厅. 2016. 关于完善农村土地所有权承包权经营权分置办法的意见. http://www.gov.cn/gongbao/2016-11/20/content_5133019.htm [2016-10-30].

中国环境监测总站. 2016. 2016 年 6 月 74 城市空气质量状况报告. http://www.cnemc.cn/jcbg/kqzlzkbg/ 201607/t20160712_646965.shtml [2016-07-12].

中国金融 40 人论坛课题组，周诚君. 2013. 加快推进新型城镇化：对若干重大体制改革问题的认识与政策建议. 中国社会科学，(7)：59-76，205-206.

中华人民共和国公安部. 2017. 公安部部署深入扎实推进户籍制度改革. http://www.mps.gov.cn/n2253534/ n2253535/n2253537/c5630917/content.html [2017-02-09].

中华人民共和国国家统计局. 2015. 中国统计年鉴 2015. http://www.stats.gov.cn/tjsj/ndsj/2015/indexch.htm [2015-10-08].

中华人民共和国国家统计局. 2016. 中国统计年鉴 2016. http://www.stats.gov.cn/tjsj/ndsj/2016/indexch.htm [2016-10-10].

中华人民共和国国家统计局. 2017. 中国统计年鉴 2017. http://www.stats.gov.cn/tjsj/ndsj/2017/indexch.htm [2017-01-22].

周斌. 2011. 行动主体视角下新生代农民工维权行动的探讨. 河北师范大学学报（哲学社会科学版），34（6）：147-151.

周林刚，冯建华. 2009. 农民工集体行动的策略——基于 X 厂 3 位组织精英的个案分析. 甘肃行政学院学报，(1)：41-45.

周祝平. 2008. 中国农村人口空心化及其挑战. 人口研究，32（2）：45-52.

朱力，卢亚楠. 2009. 现代集体行为中的新结构要素——网络助燃理论探讨. 江苏社会科学，(6)：84-90.

朱明芬. 2009. 农民工家庭人口迁移模式及影响因素分析. 中国农村经济，(2)：67-76，93.

朱勤，魏涛远. 2015. 中国城乡居民年龄别消费模式量化与分析. 人口研究，39（3）：3-17.

Asch S E. 1951. Effects of group pressure upon the modification and distortion of judgments// Guetzkow H. Groups, Leadership and Men; Research in Human Relations. Oxford: Carnegie

Press: 177-190.

Beauducel A, Herzberg P Y. 2006. On the performance of maximum likelihood versus means and variance adjusted weighted least squares estimation in CFA. Structural Equation Modeling A Multidisciplinary Journal, 13 (2): 186-203.

Becker J C. 2012. Virtual special issue on theory and research on collective action in the european journal of social psychology. European Journal of Social Psychology, 42 (1): 19-23.

Becker J C, Tausch N. 2015. A dynamic model of engagement in normative and non-normative collective action: psychological antecedents, consequences, and barriers. European Review of Social Psychology, 26 (1): 43-92.

Becker J C, Tausch N, Spears R, et al. 2011. Committed dis (s) idents: participation in radical collective action fosters disidentification with the broader in-group but enhances political identification. Personality and Social Psychology Bulletin, 37 (8): 1104-1116.

Becker J C, Tausch N, Wagner U. 2011. Emotional consequences of collective action participation: differentiating self-directed and outgroup-directed emotions. Personality and Social Psychology Bulletin, 37 (12): 1587-1598.

Becker J C, Wagner U. 2009. Doing gender differently-the interplay of strength of gender identification and content of gender identity in predicting women's endorsement of sexism. European Journal of Social Psychology, 39 (4): 487-508.

Becker J C, Wright S C, Lubensky M E, et al. 2013. Friend or ally: whether cross-group contact undermines collective action depends on what advantaged group members say (or don't say). Personality and Social Psychology Bulletin, 39 (4): 442-455.

Berkowitz L. 1972. Frustrations, comparisons, and other sources of emotion arousal as contributors to social unrest. The Journal of Social Issues, 28 (1): 77-91.

Bernstein T P, Lü X B. 2000. Taxation without representation: peasants, the central and the local states in reform China. The China Quarterly, (163): 742-763.

Blader S L. 2007. What leads organizational members to collectivize? Injustice and identification as precursors of union certification. Organization Science, 18 (1): 108-126.

Bliuc A M, McGarty C, Reynolds K, et al. 2007. Opinion-based group membership as a predictor of commitment to political action. European Journal of Social Psychology, 37 (1): 19-32.

Boen F, Vanbeselaere N. 1998. Reactions upon a failed attempt to enter a high status group: an experimental test of the five-stage model. European Journal of Social Psychology, 28 (5): 689-696.

Bynner J, Ashford S. 1994. Politics and participation: some antecedents of young people's attitudes to the political system and political activity. European Journal of Social Psychology, 24 (2): 223-236.

Costello K, Hodson G. 2011. Social dominance-based threat reactions to immigrants in need of assistance. European Journal of Social Psychology, 41 (2): 220-231.

de Weerd M, Klandermans B. 1999. Group identification and political protest: farmers' protest in the netherlands. European Journal of Social Psychology, 29 (8): 1073-1095.

Deaton A. 1985. Panel data from time series of cross-sections. Journal of Econometrics, 30 (1/2):

109-126.

Dixon J, Levine M, Reicher S, et al. 2012. Beyond prejudice: relational inequality, collective action, and social change revisited. Behavioral and Brain Sciences, 35 (6): 451-466.

Drury J, Reicher S. 2005. Explaining enduring empowerment: a comparative study of collective action and psychological outcomes. European Journal of Social Psychology, 35 (1): 35-58.

Drury J, Reicher S. 2000. Collective action and psychological change: the emergence of new social identities. British Journal of Social Psychology, 39 (4): 579-604.

Dubé L, Guimond S. 1986. Relative deprivation and social protest: the personal-group issue//Olson J M, Herman C P, Zanna M P. Relative Deprivation and Social Comparison: The Ontario Symposium Vol. 4. London: Psychology Press: 201-206.

Durrheim K, Dixon J, Tredoux C, et al. 2011. Predicting support for racial transformation policies: intergroup threat, racial prejudice, sense of group entitlement and strength of identification. European Journal of Social Psychology, 41 (1): 23-41.

Ellemers N. 1993. The influence of socio-structural variables on identity management strategies. European Review of Social Psychology, 4 (1): 27-57.

Ellemers N. 2001. Individual upward mobility and the perceived legitimacy of intergroup relations//Jost J T, Major B. The Psychology of Legitimacy. New York: Cambridge University Press: 205-222.

Finney S J, Distefano C. 2006. Non-normal and categorical data in structural equation modeling BT//Hancock G R, Mueller R O. Structural Equation Modeling: A Second Course. Greenwich: Information Age Publishing: 269-314.

Flora D B, Curran P J. 2004. An empirical evaluation of alternative methods of estimation for confirmatory factor analysis with ordinal data. Psychological Methods, 9 (4): 466-491.

Friedman M. 1957. A Theory of the Consumption Function. Princeton: Princeton University Press: 20-37.

Goodwin J, Jasper J M, Polletta F. 2000. Return of the repressed: the fall and rise of emotions in social movement theory. Mobilization: An International Journal, 5 (1): 65-83.

Granovetter M. 1978. Threshold models of collective behavior. American Journal of Sociology, 83 (6): 1420-1443.

Greenaway K H, Quinn E A, Louis W R. 2011. Appealing to common humanity increases forgiveness but reduces collective action among victims of historical atrocities. European Journal of Social Psychology, 41 (5): 569-573.

Heisenberg W. 1927. Uber den anschaulichen inhalt der quanten theoretischen Kinematik und Mechanik. Zeitschrift für Physik, 43 (3/4): 172-198.

Jetten J, Schmitt M T, Branscombe N R, et al. 2011. Group commitment in the face of discrimination: the role of legitimacy appraisals. European Journal of Social Psychology, 41 (1): 116-126.

Jiménez-Moya G, Spears R, Rodríguez-Bailón R, et al. 2015. By any means necessary? When and why low group identification paradoxically predicts radical collective action. Journal of Social Issues, 71 (3): 517-535.

Kawakami K, Dion K L. 1993. The impact of salient self-identities on relative deprivation and action intentions. European Journal of Social Psychology, 23 (5): 525-540.

Klandermans B. 1984. Mobilization and Participation: Social Psychological Expansions of Resource Mobilization Theory. American Sociological Review, 49 (5): 583-600.

Klandermans B, van Stekelenburg J. 2014. Why People Don't Participate in Collective Action. Journal of Civil Society, 10 (4): 341-352.

Li L J. 2004. Political trust in rural China. Modern China: An International Journal of History and Social Science, 30 (2): 228-258.

Mark M M, Folger R. 1984. Responses to relative deprivation: a conceptual framework. Review of Personality and Social Psychology, 5: 192-218.

Martin P, Bateson P. 1994. Measuring behavior: an introductory guide. The Journal of Animal Ecology, 63 (3): 206-207.

Matheson K, Anisman H. 2009. Anger and shame elicited by discrimination: moderating role of coping on action endorsements and salivary cortisol. European Journal of Social Psychology, 39 (2): 163-185.

Mcgarty C, Bliuc A M, Thomas E F, et al. 2009. Collective action as the material expression of opinion-based group membership. Journal of Social Issues, 65 (4): 839-857.

Melucci A. 1985. The symbolic challenge of contemporary movements. Social Research, 52 (4): 789-816.

Modigliani F, Brumberg R. 1954. Utility analysis and the consumption function: an interpretation of cross-section data//Kurihara K. Post Keynesian Economics. New Brunswick: Rutgers University Press: 388-436.

Mummendey A, Kessler T, Klink A, et al. 1999. Strategies to cope with negative social identity: predictions by social identity theory and relative deprivation theory. Journal of Personality and Social Psychology, 76 (2): 229-245.

Mummendey A, Klink A, Mielke R, et al. 1999. Socio-structural characteristics of intergroup relations and identity management strategies: results from a field study in East Germany. European Journal of Social Psychology, 29 (2/3): 259-285.

Nagao D H, Davis J H. 1980. Some implications of temporal drift in social parameters. Journal of Experimental Social Psychology, 16 (5): 479-496.

Olson M. 1971. The Logic of Collective Action: Public Goods and the Theory of Groups. Cambridge: Harvard University Press.

Reicher S D. 1984. The St. Paul's riot: an explanation of the limits of crowd action of a social identity model. European Journal of Social Psychology, 14 (1): 1-21.

Reicher S D. 1996. "The battle of westminster": developing the social identity model of crowd behavior in order to explain the initiation and development of collective conflict. European Journal of Social Psychology, 26 (1): 115-134.

Reicher S, Cassidy C, Wolpert I, et al. 2006. Saving Bulgaria's Jews: an analysis of social identity and the mobilization of social solidarity. European Journal of Social Psychology, 36 (1): 49-72.

Runciman W G. 1966. Relative Deprivation and Social Justice: A Study of Attitudes to Social Inequality in Twentieth-century England. Berkeley: University of California Press: 11.

Simon B, Loewy M, Stürmer S, et al. 1998. Collective identity and social movement participation. Journal of Personality and Social Psychology, 74 (3): 646-658.

Simon B, Trötschel R, Dähne D. 2008. Identity affirmation and social movement support. European Journal of Social Psychology, 38 (6): 935-946.

Smith H J, Tyler T R. 1996. Justice and power: when will justice concerns encourage the advantaged to support policies which redistribute economic resources and the disadvantaged to willingly obey the law? European Journal of Social Psychology, 26 (2): 171-200.

Snow D A, Moss D M. 2014. Protest on the fly: toward a theory of spontaneity in the dynamics of protest and social movements. American Sociological Review, 79 (6): 1122-1143.

Spence M. 1973. Job market signaling. Quarterly Journal of Economics, 87 (3): 355-374.

Spence M. 2002. Signaling in retrospect and the informational structure of markets. American Economic Review, 92 (3): 434-459.

Stott C, Adang O, Livingstone A, et al. 2007. Variability in the collective behavior of England fans at Euro2004: "hooliganism", public order, policing and social change. European Journal of Social Psychology, 37 (1): 75-100.

Stott C, Drury J. 2004. The importance of social structure and social interaction in stereotype consensus and content: is the whole greater than the sum of Its Parts? European Journal of Social Psychology, 34 (1): 11-23.

Stott C, Reicher S. 1998. Crowd action as intergroup process: introducing the police perspective. European Journal of Social Psychology, 28 (4): 509-529.

Stroebe K. 2013. Motivated inaction: when collective disadvantage does not induce collective action. Journal of Applied Social Psychology, 43 (10): 1997-2006.

Tajfel H, Turner J C. 1979. An integrative theory of intergroup conflict//Austin W G, Worchel S. The Psychology of Intergroup Relations. Monterey: Brooks Cole: 33-47.

Tajfel H, Turner J C. 1986. The social identity theory of intergroup behavior. Political Psychology, 13 (3): 7-24.

Tausch N, Becker J C. 2013. Emotional reactions to success and failure of collective action as predictors of future action intentions: a longitudinal investigation in the context of student protests in Germany. British Journal of Social Psychology, 52 (3): 525-542.

Tausch N, Becker J C, Spears R, et al. 2011. Explaining radical group behavior: developing emotion and efficacy routes to normative and nor-normative collective action. Journal of Personality and Social Psychology, 101 (1): 129-148.

Taylor V, Whittier N E. 1992. Collective identity in social movement communities: lesbian feminist mobilization//Morris A D, Mueller C M. Frontiers of Social Movement Theory. New Haven: Yale University Press: 104-129.

The World Steel Association. 2017. World crude steel output increases by 0. 8%in 2016. http://www.worldsteel.org/media-centre/Press-releases/2017/World-crude-steel-output-increases-by-0.8--in-2016.html [2017-01-25].

Tyler T R, Smith H J. 1998. Social justice and social movements//Gilbert D T, Fiske S T, Lindzey G. Handbook of Social Psychology. New York: McGraw-Hill: 595-629.

van Stekelenburg J. 2006. Promoting or preventing social change: instrumentality, identity, ideology and groups-based anger as motives of protest participation. Vrije Universiteit Amsterdam.

van Stekelenburg J, Klandermans B. 2007. Individuals in movements: a social psychology of contention//Klandermans B, Roggeband C M. The Handbook of Social Movements across Disciplines. New York: Springer: 157-204.

van Stekelenburg J, Klandermans B. 2013. The social psychology of protest. Current Sociology, 61 (5/6): 886-905.

van Zomeren M. 2004. Social-psychological paths to protest: an integrative perspective. Vrije Universiteit Amsterdam.

van Zomeren M. 2014. Synthesizing individualistic and collectivistic perspectives on environmental and collective action through a relational perspective. Theory and Psychology, 24 (6): 775-794.

van Zomeren M, Leach C W, Spears R. 2010. Does group efficacy increase group identification? Resolving their paradoxical relationship. Journal of Experimental Social Psychology, 46 (6): 1055-1060.

van Zomeren M, Leach C W, Spears R. 2012. Protesters as "passionate economists": a dynamic dual pathway model of approach coping with collective disadvantage. Personality and Social Psychology Review, 16 (2): 180-199.

van Zomeren M, Postmes T, Spears R. 2008. Toward an integrative social identity model of collective action: a quantitative research synthesis of three socio-psychological perspectives. Psychological Bulletin, 134 (4): 504-535.

Verkuyten M, Yildiz A A. 2010. Religious identity consolidation and mobilization among turkish dutch muslims. European Journal of Social Psychology, 40 (3): 436-447.

Wohl M J A, Giguère B, Branscombe N R, et al. 2011. One day we might be no more: collective angst and protective action from potential distinctiveness loss. European Journal of Social Psychology, 41 (3): 289-300.

Wright S C. 2001. Strategic collective action: social psychology and social change//Brown R, Gaertner S L. Blackwell Handbook of Social Psychology: Intergroup Processes. Oxford: Blackwell: 409-430.

Wright S C. 2009. The next generation of collective action research. Journal of Social Issues, 65 (4): 859-879.

Wright S C, Taylor D M. 1998. Responding to tokenism: individual action in the face of collective injustice. European Journal of Social Psychology, 28 (4): 647-667.

Wright S C, Taylor D M, Moghaddam F M. 1990. The relationship of perceptions and emotions to behavior in the face of collective inequality. Social Justice Research, 4 (3): 229-250.

Yang Y. 2008. Social inequalities in happiness in the united states, 1972 to 2004: an age-period-cohort analysis. American Sociological Review, 73 (2): 204-226.

后　　记

　　本书是笔者主持的国家社会科学基金项目"城镇化进程中代际分化的农民工集体行动研究"（批准号：14CJL043）研究成果，亦为武汉大学自主科研项目（人文社会科学）"新型城镇化与农村人口转移中的群体性事件研究"研究成果，得到"中央高校基本科研业务费专项资金"资助。

　　为完成项目研究，笔者和课题组成员充分挖掘了相关部门提供的统计数据与机构单位公布的调查数据，还收集了北京、上海、广州、郑州、武汉、南昌等城市的农业转移人口调查一手资料，并在全国多地进行了调研访谈。在此基础上，笔者和课题组成员开展了一系列研究工作，取得了不少中期成果。本书是这些阶段性成果的延伸和拓展，撰稿署名作者虽然只有一人，但本书实际上是课题组全体成员（包括但不限于笔者指导的研究生邱毅斌、张则月、罗长福、范学谦、杨泽冰、巴文静等同学）智慧和辛劳的结晶。感谢大家几年以来的付出。

　　课题组的工作亦得到了笔者所在科研机构武汉大学经济发展研究中心、武汉大学人口·资源·环境经济研究中心领导和同事的大力支持，科学出版社的徐倩老师为本书的出版做了大量细致而富有建设性的编辑工作，借此机会深深致谢。

　　农民工问题是中国"三农"问题的核心难题之一，本书所涉集体行动领域亦是国际学界的理论前沿。课题组虽然在现有条件下做出了许多努力，但限于知识结构、方法水平，本书依然存在不少不足和欠缺，唯望抛砖引玉，给后来者提供些许参考和借鉴。恳请各位读者不吝批评指正。

董延芳

2018 年仲春于武昌珞珈山